图说武当秘技系列（二）

武当技击精要

阎彬 著

人民体育出版社

图书在版编目（CIP）数据

武当技击精要 / 阎彬著. -- 北京：人民体育出版社, 2025. -- (图说武当秘技系列). -- ISBN 978-7-5009-6611-1

Ⅰ.G852.4

中国国家版本馆CIP数据核字第20252UQ644号

武当技击精要

阎彬 著
出版发行：人民体育出版社
印　　装：三河市兴达印务有限公司

开　本：880×1230　32开本　　印张：8.375　字数：224千字
版　次：2025年7月第1版　　印次：2025年7月第1次印刷
书　号：ISBN 978-7-5009-6611-1
印　数：1—3,000册
定　价：40.00元

版权所有·侵权必究
购买本社图书，如遇有缺损页可与发行与市场营销部联系
联系电话：（010）67151482
社　　址：北京市东城区体育馆路8号（100061）
网　　址：https://books.sports.cn/

丛书绘图组

高　翔　　丁亚丽

高　绅　　李梦瑶

总　序

2017年，中共中央办公厅、国务院办公厅印发了《关于实施中华优秀传统文化传承发展工程的意见》（以下简称《意见》），并发出通知，要求各地区各部门结合实际认真贯彻落实，体现了党和政府对中华优秀传统文化的重视。

在国民教育方面，《意见》提出，加强中华优秀传统文化相关学科建设，重视保护和发展具有重要文化价值和传承意义的"绝学"、冷门学科。在保护传承文化遗产方面，《意见》提出，推动民族传统体育项目的整理研究和保护传承。

中华武术有着数千年的发展历史，是中华民族在社会实践中创造的宝贵财富，是中华文化的重要组成部分。武当武术作为"内家之宗"，在武术爱好者中具有较高的认知度。正是基于此，我们策划了这套"图说武当秘技系列"丛书。

本套丛书种类齐全，既有养生法，又有技击术，还有大力功，精心选取与展现了丰富多彩的武当谐派秘技；注重练法，注重实效，突出"图说"，简明扼要，便于阅读和学习。丛书编写者都是武当武术相关的专家、学者、教授，他们既有自身体验，又有教学经验，既有很高的技术水平，又有很深的学术造诣。当然，不足之处在所难免，欢迎读者批评指正，以利今后进一步充实与完善。

内容提要

武当山是武当武术的发祥地，武当武术是中华武术的一大名宗，武当技击是武当武术的真髓所在。

何谓技击？武当内家夜行门《夜行宗谱》载："所谓技击，乃以武艺行实战搏杀之能。所谓技击术，系专事修炼实战搏杀之手法、腿法、步法、身法、功法、心法等技艺及其综合运用之法术。技击法术，不求其形，但究其理；不求其势，但究其道；不求其定，但究其机；遵五行生克之理，循阴阳变化之道，依八卦推衍之机；以静制动，柔化刚打，避实击虚，无形无象，道法自然。"

武术技击共有踢、打、摔、拿四大绝技，武当派也不例外，但武当派拳法众多，且诸拳招法不一，实战时各有偏重。为了便于读者学练，编者只能取精用弘，仅挑选有特色的六门拳法：伏虎拳、乾坤拳、字门拳、通臂拳、无极拳、鱼门拳，撷其精要，采其绝招，以飨同道。

1.武当伏虎拳，乃是秘传的一种内家拳法，出招犀利，强劲有力，手到敌伤，应手敌翻。有歌曰："赤手伏虎拳法妙，招到敌伤应手翻。练就一身混元劲，快如流星箭离弦。"其技击有八大类型，即拦打、封腾、弹蹬、扫挂、推拖、按拿、扳摇、肘靠。

1

2. 武当乾坤拳，阴阳相合，刚柔相济，刚中有柔变，柔里藏坚刚，非常实用。有道是"乾坤阴阳可百变，乾端坤倪敌莫测"，一旦练熟，临敌之时可轻易制胜，"一招定乾坤"。其南宗乾坤拳技击，讲究"吞吐、浮沉、穿插、滚化、灵捷、连变"。

内容提要

3. 武当字门拳,"以字行拳",以"残、推、援、夺、牵、捺、逼、吸"八字为根,化生出很多技法。字门拳技击,讲究顺势乘势,借力打力;走马圆活,虚步侧势;挂角踩边,偏门侧击;以柔克刚,以曲破直;软出硬取,粘身即发;注重弹抖,多发冷劲。

4. 武当通臂拳,象形取意,自古就是内家名拳。其发劲要诀:"圆中发力,缠、抖、翻、游、转;粘衣发劲,快、硬、冷、脆、弹。"其技击要诀:"吞吐浮沉,不拦即闪;摆击横扪,抽撤连环;架势舒展,放长击远;发劲通达,力道饱满;软中带硬,硬中带连;开合有致,变化多端。"

3

5. 《无极拳谱》之《无极拳序文》言："无极拳者，张三丰祖师最后之组织，与太极、八卦合为一部大道者也。"三丰无极拳共一百二十八势，其技击讲究以逸待劳，缠丝滚化；借力就势，柔化刚发；近身夺位，挨膀挤靠；粘衣崩抖，弹劲冷动；软硬相兼，变化多端。

6. 鱼门拳是武当的奇门拳法，模拟游鱼戏水之形，取其穿插追逐、腾跃回旋、碰撞冲击之妙，融于武术攻防，象形取意而成。有歌曰："鱼门有法法自然，水中鱼龙玄中玄。若遇大力来打我，避重就轻斜身偏。步转势滚可卸化，缠丝劲法节节贯。绵里藏针看不透，一触即发打连环。一枝动来百枝摇，端的周身都是拳。"

目 录

第一章 武当伏虎拳技击法（二十六招）/ 2

一、玄武探路 / 4
二、金蛇入洞 / 6
三、单凤朝阳 / 8
四、边风刮雪 / 9
五、一脚封喉 / 10
六、龙蛇起陆 / 11
七、无影穿心 / 12
八、龟蛇迎门 / 14

九、青龙卷尾 / 15
十、白马扬蹄 / 16
十一、龟蛇夺窝 / 17
十二、旋风卷尘 / 18
十三、铁帚扫堂 / 19
十四、迅雷劈石 / 20
十五、长风刮旗 / 21
十六、抱虎推山 / 22

十七、推山填海 / 24
十八、脱袍让位 / 25
十九、舜子投井 / 27
二十、力士降牛 / 29
二十一、扭转乾坤 / 31
二十二、仙子捧莲 / 32
二十三、青龙盘柱 / 34
二十四、仙子挑帘 / 35
二十五、黑熊晃膀 / 36
二十六、飞胯打鹤 / 38

第二章 武当乾坤拳技击法（二十二招） / 40

一、叶底藏花 / 42
二、旋风盘顶 / 43
三、天旋地转 / 44
四、织女纺纱 / 46
五、玄公伏虎 / 47
六、游鱼化浪 / 49
七、仙驴拉磨 / 51
八、金丝捆蟒 / 52
九、移身换影 / 54
十、青狮张口 / 55

目 录

十一、河车运转 / 56

十二、龙潜深渊 / 57

十三、龙肩虎膀 / 58

十四、牵驴饮水 / 59

十五、白蛇绕梁 / 61

十六、果老戏驴 / 62

十七、魁星踢斗 / 64

十八、白鹿转身 / 65

十九、搜跟拔柳 / 66

二十、纯阳挥尘 / 67

二十一、青鸾抖翅 / 68

二十二、金盘游珠 / 69

第三章 武当字门拳技击法（三十二招） / 72

一、顺风摆柳 / 74

二、双贯铜壶 / 75

三、撵驴出栏 / 77

四、牵牛过桥 / 78

五、掷斗打鼠 / 80

六、旋风飘忽 / 82

七、魁星敬酒 / 83

八、银蛇进洞 / 84

九、童子作揖 / 85

3

十、叶里偷桃 / 86
十一、文公擦掌 / 87
十二、海底捞月 / 89
十三、狸猫上树 / 90
十四、滚臂盘龙 / 91
十五、拦腰截气 / 93
十六、老妪泼水 / 94
十七、灵官挥鞭 / 95
十八、倒踢铜炉 / 96
十九、顺手牵驴 / 97
二十、金光笼罩 / 98
二十一、剪叶挟枝 / 100

二十二、浪子踢球 / 101
二十三、浪里翻身 / 102
二十四、肩峰靠壁 / 104
二十五、关门拒敌 / 105
二十六、黑风卷地 / 107
二十七、搅纱逼手 / 108
二十八、开天辟地 / 109
二十九、含机抱珠 / 110
三十、顺牵反逼 / 111
三十一、提拦劈压 / 112
三十二、蛇缠反首 / 114

目 录

第四章 武当通臂拳技击法（三十二招）/ 116

一、飞鹰抖翅 / 118
二、摇铃打手 / 120
三、黑龙入洞 / 122
四、白龙吐舌 / 123
五、袖底藏针 / 125
六、贴花夺面 / 126
七、白蟒卷尾 / 127
八、牵马渡河 / 128
九、天师盖印 / 130

十、力劈华山 / 131
十一、纯阳敬酒 / 132
十二、飞剑落花 / 133
十三、风绕孤灯 / 134
十四、渔夫撒网 / 135
十五、猿伏突击 / 137
十六、辕门射戟 / 138
十七、推山入海 / 139
十八、落地捡柴 / 140
十九、牵马横刀 / 141
二十、力拔枯柳 / 143
二十一、蛟龙摆尾 / 144

二十二、穿针引线 / 145

二十三、双龙出洞 / 147

二十四、天师摩圈 / 148

二十五、抛打三关 / 150

二十六、凤凰晒翅 / 151

二十七、海底捞月 / 152

二十八、推窗望月 / 154

二十九、飞花夺月 / 155

三十、浪子摇船 / 157

三十一、狮子开口 / 158

三十二、换盏推杯 / 159

第五章 武当无极拳技击法（二十四招）/ 160

一、反弹铁扇 / 162

二、飞燕归巢 / 164

三、顺水推舟 / 165

四、抛蛇过岸 / 167

五、牵牛进栏 / 168

六、顺手甩蛇 / 170

七、关门拒客 / 171

目 录

八、抱虎推山 / 173

九、青龙卷浪 / 175

十、金豹推山 / 177

十一、子牙抚琴 / 179

十二、哪吒擒龙 / 180

十三、霸王请客 / 182

十四、河伯托梁 / 183

十五、伏弩穿壁 / 185

十六、提篮踏虹 / 186

十七、摆肘逼门 / 188

十八、倒打金钟 / 190

十九、猿公敬酒 / 192

二十、推山填海 / 194

二十一、挎篮抛花 / 196

二十二、犀牛蹭壁 / 198

二十三、肩桩顶壁 / 199

二十四、扛梁过桥 / 201

第六章　武当鱼门拳技击法
（二十五招）/ 204

一、青蟒崩藤 / 206
二、幻影挥鞭 / 208
三、顺手牵羊 / 209
四、牧童赶牛 / 210
五、铁脚绊马 / 212
六、推窗望月 / 214
七、灵蛇反蜷 / 216
八、顺水撑篙 / 217
九、孟尝送客 / 219
十、天仙献宝 / 221
十一、赵公驯虎 / 223

十二、倒扳玉笋 / 225
十三、灵官玩鞭 / 227
十四、雄鸡独立 / 228
十五、霜雪压枝 / 230
十六、仙姑折柳 / 231
十七、迎风铁扇 / 233
十八、铁锤开锁 / 234
十九、白蟒穿虹 / 236
二十、仙人敬酒 / 237
二十一、太祖伏蟒 / 239
二十二、直捣黄龙 / 240
二十三、犀牛晃膀 / 242
二十四、铁肩靠山 / 244
二十五、泰山挺云 / 246

第一章

武当伏虎拳技击法（二十六招）

本章招数采自"武当伏虎拳"。伏虎拳是武当的一种秘传拳法，非常独特，歌曰："赤手伏虎拳法妙，招到敌伤应手翻。练就一身混元劲，快如流星箭离弦。"

何谓赤手？指徒手相搏，不借外物，踢打摔拿，即可自卫防身。何谓伏虎？即招法实用，劲法绝妙，曷遇暴徒，亦可克敌制胜。何谓混元劲？即内外相合，意形相合，气力相合；三节相合，腰马相合，拳脚相合，则出招犀利，强劲有力，手到敌伤，应手敌翻。

本章共二十六招，内含八大类型，即拦打、封腾、弹蹬、扫挂、推拖、按拿、扳摇、肘靠。

拦打：拦是防守之法，多用两手或前臂拦劲来破解敌招；打为攻击，即以周身七拳，头、肩、肘、手、胯、膝、脚，随势而发。两者相合，攻防兼备。

封腾：封就是封拦敌方的拳脚，或者封闭敌方的视线；腾为身法的上起，或是腾起腿、膝发出攻击。两者相合，更易得手。

弹蹬：弹、蹬都是腿法的要招。弹腿专以脚尖发力，运用弹

劲，突然冷动，不易防范；蹬腿多以脚跟发力，震动性强，可一脚把敌踢倒。

扫挂：扫为横向打击的一种技法；挂是弧形发劲的勾挂动作。两者相似，仅有幅度大小的区别，用在技击时，多以腿法为主。

推拖：推为发敌之势；拖乃拉回之法。两者正反争劲，相辅相成，可使敌重心失衡而倒。

按拿：按是压按之劲，由上向下用力；拿是爪法，拿筋、拿穴、拿关节，先抓拿再乘机制敌。两者相合，更易擒制。

扳摇：指扳住敌方头颈或肢体后，再抖劲摇动，使敌关节受损，或因此重心失衡，被我控制。扳与摇在技击中几乎同时出现。

肘靠：肘是近击之法，主要是以肘尖发劲，捣顶撞拐，迅猛有力；靠主要是以肩、背、胯贴身靠撞，整重难挡。两者皆须挨近敌方才易有效，致其重创或歪倒。

一、玄武探路

【实战举例】

1. 敌我对峙之际，敌方右脚进步，右拳崩击我方腹部。（图1-1）

图1-1

2. 我方右脚后撤，虚步吞身；同时，右掌下划，拦切敌方右腕外侧，化解敌方拳劲。（图1-2）

图1-2

3. 随之，我方向右转身，两脚摆扣；同时，左臂下伸，从左向右格击敌方右臂。（图1-3）

图1-3

4．不停，我方左臂屈肘上提，向左拨开敌方右臂；同时，右脚垫步，左脚铲击敌方右肋。（图1-4）

图1-4

二、金蛇入洞

【实战举例】

1．敌方左脚上步，左拳崩击我方腹部。我方向右转体，闪开来拳。（图1-5）

图1-5

第一章 武当伏虎拳技击法（二十六招）

2. 我方左脚撤步，向左旋身；同时，右臂前伸，旋格敌方左腕。（图1-6）

图1-6

3. 我方向左继续旋身，右脚稍进；同时，右臂粘着敌方左臂向前滚化。（图1-7）

图1-7

7

4. 不停,我方左脚稍垫步,右脚上步;同时,右手握拳,抖然前崩,栽击敌方后腰之命门穴。(图1-8)

图1-8

三、单凤朝阳

【实战举例】

1. 敌方左脚进步,左拳栽击我方腹部。我方向后撤身,虚步收腹;同时,右掌下拍敌方左腕(或左拳),阻截敌方拳击。(图1-9)

图1-9

2．随即，我方左脚前移，体略右旋；同时，左手握拳，横击敌方右额之太阳穴（或右眼）。（图1-10）

图1-10

四、边风刮雪

【实战举例】

1．敌方右脚上步，右拳冲击我方胸部。我方向后撤身，右脚虚步，含胸收腹；同时，左掌向左扒压敌方右臂，阻截敌方拳击。（图1-11）

图1-11

2．随即，我方右脚前滑落实，身体顺势上起，向左拧腰转胯；同时，右掌向前反背横击（虎口向下），重创敌方左耳根部（或左耳门）。（图1-12）

图1-12

五、一脚封喉

【实战举例】

1．敌方右脚上步，右拳崩击我方胸部。我方撤步吞身，避过敌拳；同时，两手齐出，下按敌方右拳及前臂，阻其连击。（图1-13）

图1-13

10

2. 不停，我方两掌向前上突然一抖，佯攻敌方眼睛，此动为虚，诱其误判；同时，身向左转，右脚乘机上弹而起，重创敌方咽喉。此招脚尖发力，放长踢远；虚中有实，防不胜防。（图1-14）

图1-14

六、龙蛇起陆

【实战举例】

1. 敌方右脚进步，沉身发力，右拳崩击我方腹部。我方撤身收腹，右脚虚步（脚尖稍起）；同时，两手前伸，一齐拍按敌方拳臂，封阻敌方攻势。（图1-15）

图1-15

2. 随即，我方两掌向前上扬，假打敌方面门，诱其判断失误；同时，右脚趁势落实，左脚乘机飞起，弹踢敌方咽喉，将其踢翻跌出。（图1-16）

图1-16

七、无影穿心

【实战举例】

1. 我方右脚上步，右拳崩击敌方胸部。敌方退步吞身；同时，左掌上挑，用左臂外格我方右腕。（图1-17）

图1-17

2．随之，敌方左脚垫步，右脚前跨；同时，左掌压落我方右臂，与右手一起下伸，来抱我方腰部。（图1-18）

图1-18

图1-19

3．我方左脚稍撤，虚步吞身；同时，两掌上提，向里下划，拨开敌方两臂。（图1-19）

4. 不停，我方左脚垫步，身体上起；同时，右腿前蹬，脚跟发力，伤敌心窝，致其重创。（图1-20）

图1-20

八、龟蛇迎门

【实战举例】

1. 敌方右脚上步，右掌劈击我方脸部。我方撤步闪开；同时，右掌上起，拦架敌方右腕。（图1-21）

图1-21

2．随即，我方右手向右拨压敌方右腕，身体顺势向右稍拧；同时，左脚低势前弹，脚尖猝然发力，突袭敌方右膝，致其剧疼失力。（图1-22）

图1-22

九、青龙卷尾

【实战举例】

1．敌方右脚上步，右拳崩击我方脸部。我方两脚撤步；同时，上起右手，右臂外格，拦截敌方右腕。（图1-23）

图1-23

15

2. 随即，我方左手上提，向左下勾压敌方右臂；同时，右脚外摆，身向右转；左脚向前勾扫敌方右脚后跟，将其踢翻在地。（图1-24）

图1-24

十、白马扬蹄

【实战举例】

1. 敌方左脚进步，左拳冲击我方脸部。我方向后缩身，左脚虚步，避过敌拳。（图1-25）

图1-25

2.不停,我方右脚向右摆步,进至敌方左侧;同时,腰胯左拧,速起左腿,向左倒踢,脚跟发力,伤敌后腰,致其扑出。(图1-26)

图1-26

十一、龟蛇夺窝

【实战举例】

1.敌我相搏之时,我方抢攻,上下齐击,右手握拳砸向敌方脸部;右脚弹踢敌方裆部。敌方急忙退步闪躲。(图1-27)

图1-27

2. 我方连击不停，右脚顺势踏落；同时，左脚速起，弹踢敌方裆部，致其要害重创。如敌再避过，我方左脚一落，右脚再弹，如此两脚连环，跟踪追击，弹腿追魂，敌伤乃止。（图1-28）

图1-28

十二、旋风卷尘

【实战举例】

1. 敌方右脚上步，右拳崩击我方脸部。我方身稍后撤；同时，右手屈臂上起，拦格敌方右臂外侧。（图1-29）

图1-29

2. 不停，我方右掌外旋，抓住敌方右臂向右下抖劲挂落；同时，身体右旋，右脚外展；左脚顺势扫踢，对准敌方右脚后跟，致其失衡，翻倒在地。（图1-30）

图1-30

十三、铁帚扫堂

【实战举例】

1. 敌方右脚上步，右掌劈击我方左耳。我方撤步闪过，略右旋体；同时，左掌向左上反甩，掌背弹性发力，将敌方右掌打向左侧。（图1-31）

图1-31

2．随即，我方向右下俯，两掌向右按地撑劲；同时，左腿屈蹲；身向右旋，右腿向后低势倒扫，猛踢敌方右脚后跟，致其身形歪斜，失衡倒地。（图1-32）

图1-32

十四、迅雷劈石

【实战举例】

1．敌方右脚上步，右拳冲击我方脸部。我方两脚后滑，重心右移，避过敌拳锋芒。（图1-33）

图1-33

2．不停，我方右脚垫步，接近敌方；同时，高举左腿，向敌方额部劈挂而下，脚跟发力，势猛力沉，致其重创，轰然倒地。（图1-34）

图1-34

十五、长风刮旗

【实战举例】

1．我方右脚垫步，左脚向前擦地勾挂，攻击敌方在前腿之脚后跟，欲将敌方一脚踢倒。敌方急忙退步，避过我方低踢。（图1-35）

图1-35

2. 不停，我方左脚顺势进步，逼近敌方；同时，向左转身，猛起右腿，高位倒扫，脚跟发力，踢其头部，致其重创。（图1-36）

图1-36

十六、抱虎推山

【实战举例】

1. 敌方右脚上步，右拳冲击我方脸部。我方撤步后闪；同时，右手上起，用掌背向上弹甩敌方右臂，使其右拳偏转。（图1-37）

图1-37

2.随即，我方两脚滑步逼进；同时，右掌抓扣敌方右腕，向右下捋压；左掌按住敌方右膀外侧，向右推挤，使敌方右臂向左下伸开，上身向左侧倾斜。（图1-38）

图1-38

3.不停，我方乘机借势，右脚滑进；同时，右掌猛然推撞敌方右膀前侧；左掌黏住敌方右膀外侧粘身推送，两掌合力，猛劲抖震，使敌跌出。（图1-39）

图1-39

23

十七、推山填海

【实战举例】

1. 敌方右脚上步,右拳冲击我方脸部。我方撤步后闪,避过敌拳锋芒。(图1-40)

图1-40

2. 随即,我方右脚前滑;同时,左掌前伸,外格敌方右臂;右掌前撩,插向敌方咽喉。敌方稍退,左臂向里拦压我方右臂,使我方穿插受阻。(图1-41)

图1-41

3．不停，我方右脚稍移，左腿蹬劲；同时，两掌近身发力，寸劲抖震，齐推敌胸，将其击出。（图1-42）

图1-42

十八、脱袍让位

【实战举例】

1．敌方右脚上步，右拳砸击我方脸部。我方身稍后撤；同时，右掌上起，用力向右拦切敌方右臂。（图1-43）

图1-43

2．随即，我方右脚向后撤步；同时，右手外旋后捋，拿住敌方右拳；同时，左掌上起，托抓敌方右肘。（图1-44）

图1-44

3．不停，我方右脚向右滑步；同时，身向右转，两手紧抓敌方右臂，向右下抖劲拖拽，致其突失重心，前扑栽地。（图1-45）

图1-45

十九、舜子投井

【实战举例】

1. 我方右脚上步,右拳反背砸击敌方脸部。敌方身稍后退;同时,右掌上起,用右前臂拦格我方右臂。(图1-46)

图1-46

2. 接着,敌方两脚滑步;突然俯身,双臂来抱我方两腿,欲使摔法。(图1-47)

图1-47

3. 我方上身前压，稳住身形；同时，右肘下捣敌方头部，致其重创，迫其松手。（图1-48）

图1-48

4. 不停，我方右脚向后撤步；同时，右手抓扣敌方左肩；左手抓按敌方左腰，两手合力向右猛劲拖拽，将其掼摔而出。（图1-49）

图1-49

二十、力士降牛

【实战举例】

1. 敌方右脚上步,右拳冲击我方脸部。我方撤步后闪;同时,上起右掌,外拦敌方右臂,阻截敌方来拳。(图1-50)

图1-50

2. 随即,我方右掌外旋,扣拿敌方右拳;同时,左脚上步,身向右转;左掌上托敌方右肘。(图1-51)

图1-51

3. 接着，我方左脚右收，右脚绕步，向右转身半周；同时，右手划弧运劲，拧转敌方右拳；左手扣拿敌方右肘上提，伤其右臂，将其擒制。（图1-52）

图1-52

4. 不停，我方右脚向右撤步；同时，左手下落，两手合拿敌方右拳，向后下拽，敌方即失衡，歪倒于地。（图1-53）

图1-53

二十一、扭转乾坤

【实战举例】

1. 敌方右脚上步，右拳冲击我方脸部。我方撤步后闪；同时，上起左掌，外格敌方右臂。（图1-54）

图1-54

2. 随即，我方右脚前滑，左脚向前弧形绕步，进于敌身右后；同时，左掌外划拿住敌方右腕，向左下方拧压；右掌按压敌方右上臂助劲。当把敌方右臂拧转至其背后时，我方右手下落，两手合拿敌方右腕，不得使之逃脱。（图1-55）

图1-55

3. 不停，我方左脚向左摆步；同时，两手紧抓敌方右臂，猝然向左上方提劲摇动，致其昏然前扑，栽扒于地。（图1-56）

图1-56

二十二、仙子捧莲

【实战举例】

1. 敌方右脚上步，右拳崩击我方脸部。我方撤身后闪；同时，左掌前伸，向外拦截敌方右臂。（图1-57）

图1-57

2．随即，我方左脚垫步，右脚前跨；同时，两手一齐向前，托撞敌方下颌。敌方仰头避过。（图1-58）

图1-58

图1-59

3．不停，我方向左转身，两脚摆扣；同时，两手顺势抓扣敌方两腮，夹拽敌方头部，向左下方猛劲拧送，扭伤敌方颈椎，致其翻摔滚地。（图1-59）

二十三、青龙盘柱

【实战举例】

1. 敌方左脚上步，左拳崩击我方脸部。我方撤身后闪；同时，左掌上起，外拦敌方左腕，阻截敌拳攻击。（图1-60）

图1-60

2. 随即，我方左掌向下拨压敌方左臂，使其手落，露出破绽；同时，右脚上步，进于敌方左侧；上身左转，右臂屈肘横扫，对准敌方左颈，将其打倒在地。（图1-61）

第一章 武当伏虎拳技击法（二十六招）

图1-61

二十四、仙子挑帘

【实战举例】

1. 敌方右脚上步，右拳摆击我方头部。我方不退不闪，左臂屈肘上提，硬性直接拦截，顶住敌方攻势。（图1-62）

图1-62

35

2. 不停，我方右脚前移，进于敌方裆下；同时，右臂屈肘上挑，伤其下颌，致其脱臼。（图1-63）

图1-63

二十五、黑熊晃膀

【实战举例】

1. 敌方右脚上步，右拳冲击我方脸部。我方向右闪过；同时，左手上起，拦抓敌方右臂，将其右臂擒制。（图1-64）

图1-64

2. 随即，我方右脚向敌方右腿外侧上步，后绊敌方右腿；同时，右膀前挤，贴住敌方右胸，猛然旋劲抖动，将其撞倒在地。（图1-65、图1-66）

图1-65

图1-66

二十六、飞胯打鹤

【实战举例】

1. 敌方右脚上步，右拳崩击我方脸部。我方撤步沉身；同时，上起左掌，拦击敌方右腕。（图1-67）

图1-67

2. 随即，我方右腿上步，进于敌方右腿外侧；同时，两掌一齐扑向敌方脸部。敌方急忙后闪，手忙脚乱。（图1-68）

图1-68

3. 不停，我方惊上取下，右胯乘机前靠，对准敌方右大腿猛劲旋压，致其后跌坐地。（图1-69）

图1-69

第二章

武当乾坤拳技击法（二十二招）

乾坤拳，乃武当派一大名拳，此拳阴阳相合，刚柔相济，刚中有柔变，柔里藏坚刚，非常实用。本章精选南宗乾坤拳实战二十二招，解析出来，献给读者。

乾坤拳技击，讲究"吞吐、浮沉、穿插、滚化、灵捷、连变"。

吞吐：吞者，缩身避让，胸腹内收，蓄势待发；吐者，打开架势，力量贯达，发劲伤敌。有所谓：吞身如鹤缩，吐手若蛇奔。

浮沉：浮者，上起；沉者，向下。诱上打下，或上下连打，令敌难防。

穿插：穿在武术上有直取之意，快打硬攻急进，击敌要害，力争一招制敌；插是利用敌人失机之时，乘其破绽，发招

伤之，其中包含佯攻诱敌、粘衣发劲、闪步巧打等技法，虚实相兼、虚中有实、虚实互变。

滚化：以滚劲来化解敌方来劲，而不是死拼硬顶。滚劲幅度可大可小，或盘或缠，或旋或转，或圆或游，虽主为化解敌招，但又要为反击造势创机；化者，化解之中含有变化之意，化解之时须寓有进手之法，方为技击之攻防真传。

灵捷：快捷、灵动之意。招无不破，唯快不破，慢必挨打，柔必难胜。其中包含顺势、借势、顺劲、借劲等很多技击要素。

连变：连者，连环之意，一招下行，紧接着再出一招，敌不伤不能停止。一旦暂停，失机失势，易遭反击；变者，招要变，势要变，劲要变，使敌莫测端倪，方能事半功倍。连中有变，变中有连，令敌防不胜防。

一、叶底藏花

【实战举例】

1. 敌方左脚进步,左拳冲击我方脸部。我方向后撤步;同时,左掌向上挑起,外格敌方左腕。(图2-1)

图2-1

2．不停，我方速出右掌，掌根发力，向前推震，伤敌左肋，致其后倒。（图2-2）

图2-2

二、旋风盘顶

【实战举例】

1. 敌方右脚进步，右拳冲击我方脸部。我方两脚不动，身向后倾，避过敌方拳击；同时，右掌上提，格架敌方右腕。（图2-3）

图2-3

2. 随即，我方右脚前移，后绊敌方右腿；同时，身向左转，右掌旋腕向下绕过敌方右臂，向前弧形圈出，摆击敌方脖颈（或左耳）；左手外拨敌方右拳相助，致其向后翻倒。（图2-4）

图2-4

三、天旋地转

【实战举例】

1. 敌方右脚上步，右拳栽打我方腹部。我方步稍后撤，沉身坐马；同时，右掌向前下插，外截敌方拳击。（图2-5）

图2-5

2. 接着，我方左脚上步，绊住敌方右腿后侧；同时，左臂前伸，横拦敌方咽喉。（图2-6）

图2-6

3. 不停，我方身向左转，左腿弓步；同时，左臂紧贴其喉，向左后方猛然旋压，将其跌翻于地。（图2-7）

图2-7

四、织女纺纱

【实战举例】

1. 敌方右脚上步，右拳冲击我方脸部。我方身稍后撤；同时，左掌上扬（掌心向里，指尖向上），用力外格敌方右臂，顶住来势。（图2-8）

图2-8

2. 随即，我方右腿上步，外绊敌方右腿；同时，左手黏住敌方右臂向左翻掌（使掌心向外）；右掌屈臂上穿，右肘兜住敌方右肘，向上架起。（图2-9）

图2-9

3. 不停，我方向左旋体俯身，左掌顺势扣指拿住敌方右手；右掌内收，按住敌方右腕，与左手一起向下按压；同时，右肘盘夹敌方右肘，向上翘别，伤其右臂，将其擒拿。（图2-10）

图2-10

五、玄公伏虎

【实战举例】

1. 敌方右脚上步，右拳冲击我方脸部。我方身稍后撤；同时，左掌上扬，左臂外格敌方右臂。（图2-11）

图2-11

2．接着，我方左脚前滑，外拦敌方右脚；同时，左臂黏住敌方右臂，顺势向外、向下、向内缠绕，用左肘夹住其右肘用力向上兜起（左掌向外翻腕，下压助劲），使其右臂扭曲，全身失力。（图2-12）

图2-12

3．随后，我方右掌前穿，伸向敌方脑后，反手扒住。（图2-13）

图2-13

4．最后，我方右手用力扒拉敌方后脑，向右下旋压，致其俯身前扑；同时，我方右膝提起，上顶敌方心窝，致其重创完败。（图2-14）

图2-14

六、游鱼化浪

【实战举例】

1．敌方右脚上步，右拳崩击我方脸部。我方右脚向右闪步，向右偏身，避过敌方来拳。（图2-15）

图2-15

2. 敌方又提起左膝，顺势向我方胸部撞来。我方迅速向左游身换步，滚化转移，闪过敌膝撞击。（图2-16、图2-17）

图2-16　　　　　　　　图2-17

3. 不停，我方右脚向后插步，向右拧身；同时，右肘猛劲拐出，摆击敌方右腮（或右耳），铁肘所到，敌立惨败。（图2-18）

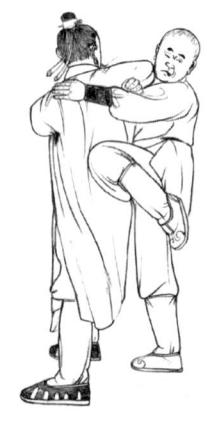

图2-18

七、仙驴拉磨

【实战举例】

1. 敌方右脚上步，右拳冲击我方胸部。我方向左稍闪，向右偏身；同时，顺势用左臂向右格化敌方右臂。（图2-19）

图2-19

2. 随即，我方身向右转，左脚跟外摆；同时，左手内圈，用虎口托住敌方右臂，借敌拳直来之劲，向右牵捋，使敌身向前倾，重心失衡。（图2-20）

图2-20

3．不停，我方右脚向后插步，身向右转半周；同时，右掌向右后旋劲反推（掌根发力，虎口向下），猛然抖震敌方胯后，致其前栽扑地。（图2-21）

图2-21

八、金丝捆蟒

【实战举例】

1．敌方右脚上步，右拳冲击我方脸部。我方不退不闪，原地拦截，右掌用力上甩，将其右臂弹架而起。（图2-22）

图2-22

第二章 武当乾坤拳技击法（二十二招）

2．接着，我方左脚上步，进于敌方右脚后侧；同时，左手抓拿敌方右腕；右掌缠丝，盘扭敌方右臂，顺势按住敌方右肩，致其弯腰俯身，被动失势。（图2-23）

图2-23

图2-24

3．不停，我方左手紧抓敌方右腕，拧向敌方腰后；同时，右掌紧按敌方右肩，向右加力旋压，大幅扭曲敌方右臂，致其低头就擒，无法反抗。（图2-24）

53

九、移身换影

【实战举例】

1. 敌方右脚上步，右拳冲击我方脸部。我方左脚后撤，右脚向左绕步，避过敌方来拳；同时，右手向右上伸，抓住敌方右腕。（图2-25）

图2-25

2. 我方右手顺势一带敌方右腕，使其前扑，随即松开；同时，身向右转，左脚旋劲踢起，猛踹敌方右肋，致其重创，伤其难逃。（图2-26）

图2-26

十、青狮张口

【实战举例】

1. 敌方右脚上步,右拳冲击我方胸部。我方仰身闪过,避敌锋芒;两掌上下分开,蓄势待发。(图2-27)

图2-27

2. 不停,我方身向前移,左脚跨步,进至敌方右腿之后,屈膝前弓相逼;同时,两掌直扑敌方胸腹(左掌虎口向下,侧掌推压;右掌虎口向左,正掌推撞),吐劲发力,猛力抖震,将敌击出。(图2-28)

图2-28

十一、河车运转

【实战举例】

1. 敌方左脚进步，右拳冲击我方脸部。我方右脚向左后外侧弧形摆步，向右转体，屈膝沉身；同时，左掌上起弹抖，震开敌方右臂。（图2-29）

图2-29

图2-30

2. 随即，我方两脚摆扣，向右圆活滚身；同时，右掌向右后旋劲，虎口向下，掌根发力，推震敌方右肋，将其重创。（图2-30）

十二、龙潜深渊

【实战举例】

1. 敌方右脚上步,右拳冲击我方脸部。我方步稍后撤;同时,右掌前穿,上挑敌方右臂,使敌方力道上起。(图2-31)

2. 随即,我方两腿迅速下蹲;同时,右掌抖然下沉,抓住敌方右腕,猛劲捋压,致其身向前扑,被动失势。(图2-32)

图2-31

图2-32

3. 不停，我方右掌突然松开，乘机上托，对准敌方下颌，掌根抖震，立可伤之。（图2-33）

图2-33

十三、龙肩虎膀

【实战举例】

1. 敌方右脚上步，右拳冲击我方腹部。我方两脚不动，身向右旋，闪开来拳；同时，右掌接住敌方右腕，向右下拽；左掌按住敌方右肘，向右下捋，使敌前扑失力。（图2-34）

此时，如感觉敌方已经势穷，无力反抗，则两手继续拉压，将其彻底擒制；敌方若用力后撤，企图逃脱，则紧接下动。

图2-34

2. 随即，我方左脚前垫，右脚前滑，进于敌方右脚外侧，拦其撤步；同时，上体前倾，弓步发劲，右膀前旋，猛撞敌方右胸，致其翻跌而出。（图2-35）

图2-35

十四、牵驴饮水

【实战举例】

1. 敌方右脚上步，右拳冲击我方脸部。我方上起两手拦截，右手顺势抓拿敌方右腕；左掌屈臂，拦採敌方右肘，合力阻止敌方攻势。（图2-36）

图2-36

2. 接着，我方右脚稍摆，左脚上步，进于敌方裆下；同时，向右旋身，右手紧抓敌腕，向右下猛劲拽带；左掌前伸，按住敌方右肩后侧，斜向右下推压，致敌身扑欲倒。敌方右臂急忙后挣，欲行逃脱。（图2-37）

图2-37

3. 我方乘敌撤身收力之机，借其向后挣拽之劲，向左转身，两脚摆扣；同时，两手松开，右手顺势向前上突击，锁扣敌方咽喉，用力推送，伤敌气管。（图2-38）

图2-38

十五、白蛇绕梁

【实战举例】

1. 敌方右脚上步，右拳冲击我方脸部。我方步稍后撤，沉身坐马；同时，右掌上穿，用右臂外格敌方右臂，阻截敌方攻击。（图2-39）

图2-39

图2-40

2. 接着，我方右掌外旋抓拿敌方右腕，向右提拽；同时，左脚上步，外拦敌方右脚；向右转体，左掌穿过敌方右臂，向前上甩击，以掌背击敌面门。（图2-40）

3. 不停，我方右手紧抓敌方右腕，陡然往右下拧拽；同时，左掌下收，翻过敌方右臂，用前臂猛劲砸压敌方右肩后侧，致其俯身被擒。（图2-41）

图2-41

十六、果老戏驴

【实战举例】

1. 敌方右脚上步，右拳冲击我方脸部。我方步不后撤，身稍后仰，重心后坐；同时，右手屈臂抬起，架住敌方右腕。（图2-42）

图2-42

2. 接着，我方左脚向前弧形进步，进于敌方裆下；身体右旋，右脚向右斜方横移半步；同时，右手翻腕粘拿敌方右腕，向右牵带；左手向前下切击，伤敌右肋。此为开弓劲势。（图2-43）

图2-43

3. 不停，我方突然向右大幅转身，右手继续牵带；同时，左膀猛劲旋靠敌方右肘，致其扑地前栽。（图2-44）

图2-44

十七、魁星踢斗

【实战举例】

1. 敌方右脚上步,右拳冲击我方脸部。我方身稍后撤;同时,两掌上起拦截,左掌反手托抓敌方右腕,右掌托顶敌方右肘。(图2-45)

图2-45

2. 随即,我方左脚前垫;提起右脚,猛蹬敌方右肋,致敌重创。(图2-46)

图2-46

十八、白鹿转身

【实战举例】

1. 敌方右脚上步，右拳冲击我方腹部。我方向右旋身闪过，重心后移，横裆弓步；同时，左掌下砸，震落敌方右臂，致其疼痛失力。（图2-47）

图2-47

2. 不停，我方右脚倒插步，身向右转，进敌外门；同时，右肘旋劲倒拐，击敌头部，致其重创。（图2-48）

图2-48

十九、搜跟拔柳

【实战举例】

1. 敌方右脚进步，右拳冲击我方胸部。我方沉身下潜；同时，右手下伸，拦贴敌方右踝，准备发起攻击。（图2-49）

图2-49

2. 随即，我方右手旋转，以虎口叉托敌方右脚后跟，猛然向上掀起；同时，右腿屈膝，前弓逼进；左掌推击敌方下颌，致其后仰翻倒。（图2-50）

图2-50

二十、纯阳挥尘

【实战举例】

1. 敌方右脚上步，右拳冲击我方脸部。我方向右偏身；同时，左掌用力上穿，用左臂弹开敌方右臂。（图2-51）

图2-51

2. 不停，我方右脚垫步，左脚前跨，进敌右侧；同时，左掌顺势内翻，向下捺击（掌根发力，虎口向下），伤敌右肋，抖劲震击，致其重创。（图2-52）

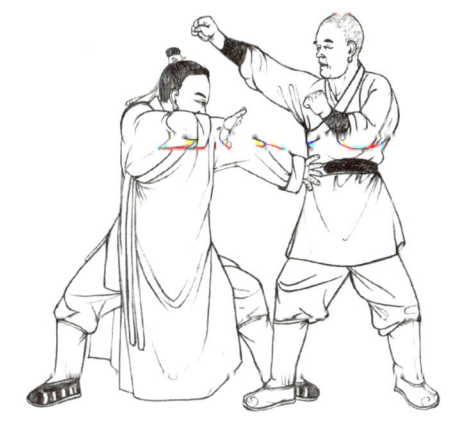

图2-52

二十一、青鸾抖翅

【实战举例】

1. 敌方左脚上步，左拳冲击我方胸部。我方右脚收步，沉身含胸，丁步蓄势；同时，右前臂内裹，下砸敌方左腕。（图2-53）

图2-53

2. 随即，我方左手抓拿敌方左腕（也可不抓）；同时，右脚上步，进于敌方左侧；右肘顺势前冲，猛顶敌方左胁。（图2-54）

图2-54

3. 不停，我方右掌向前上翻，掌背发力，甩击敌方鼻子，致其剧疼难忍，仰身后跌。（图2-55）

图2-55

二十二、金盘游珠

【实战举例】

1. 敌方右脚上步，左拳冲击我方脸部。我方两脚不退，上身稍向后闪；同时，上起右掌，用右臂外拦敌方左臂。（图2-56）

图2-56

2.敌方出拳受阻，又出右肘，向我方心窝撞来。我方速用左掌推挤敌方右肘，封化来势。（图2-57）

图2-57

3.随即，我方左脚上步，进至敌方右脚后侧；同时，右脚向右摆步，向右滚身；以左膀挤靠敌方右上臂，致其向左偏势。（图2-58）

图2-58

4. 不停，我方左肩顺势粘身发力，向左猛劲抖靠，轻则致敌身步不稳，重则致其身歪而倒。（图2-59）

图2-59

第三章
武当字门拳技击法（三十二招）

胡遗生《字门正宗·八字谱》载："残，探也。推，摞也。援，救也。夺，抢也。牵，带也。捺，按也。逼，闭也。吸，缩也。"《字门正宗·出手珍诀》载："八字之理，务宜审明，得之功多艺巧。八字循环，一字不通，便有掣肘之处矣。"

字门拳，也叫"字门八法"，简称"字门"，乃武当内家拳奇门秘技。其"以字行拳"，融练法、劲法、招法于一体，技法独特。字门以八字为根，即"残、推、援、夺、牵、捺、逼、吸"，以八字为指导要诀，化生出很多技法。

《字门正宗·阐微论·出手》载："今夫宗派之繁杂，乃如百川之分流，以师承之各异，而手法遂不同矣。然则字门之出手，果何如乎？曰：贵软而忌硬，贵疾而忌迟，贵灵巧而忌呆笨，贵圆转而忌散漫。其发也，如离弦之矢；其转也，如迅转之轮；其动也，如香象渡河；其静也，如羚羊挂角。自始至终，如韩潮苏海之超超玄著，不着形迹。"

字门拳实战时，讲究顺势乘势，借力打力；走马圆活，虚步侧势；挂角踩边，偏门侧击；以柔克刚，以曲破直；软出硬取，粘身即发，法重弹抖，多发冷劲。

一、顺风摆柳

【实战举例】

1. 敌方右脚上步，右掌插击我方咽喉。我方向右闪身，乘机用右手拦抓敌方右掌或右腕，顺势向右后侧牵带；同时，左掌黏住敌方右上臂，向右推震，使敌方上身向右歪斜。（图3-1）

图3-1

2.随即,我方左膝前弓,身体前逼;同时,左掌转腕向左切出,掌外沿猛然发力,削击敌方咽喉,致其重创,伤其难逃。(图3-2)

图3-2

二、双贯铜壶

【实战举例】

1.敌方右脚上步,右拳冲击我方脸部。我方撤步沉身;同时,左手成勾手上提,用勾顶向上弹抖敌方右腕,化解来劲。(图3-3)

图3-3

2. 接着，我方右脚垫步，左脚进于敌方裆下，左膝前弓，倾身逼近；同时，右手成勾手，勾顶发力，向前弹抖敌方裆部。（图3-4）

图3-4

3. 不停，我方两手乘机前伸，抓按敌方两肩，向下拉压；同时，右腿屈膝前顶，重创敌方裆部。（图3-5）

图3-5

三、撵驴出栏

【实战举例】

1. 敌方移步进身，右脚蹬向我方腹部。我方左脚向左跨步闪身；同时，右掌下伸，向右拦格敌方右小腿，使敌方右脚踢空。（图3-6）

图3-6

2. 随即，我方左脚进步，左腿前弓；同时，右手顺势成勾，勾住敌方右小腿向右提掀；左掌向前猛劲推震敌方右膀，致其身歪步斜，向左旋倾。（图3-7）

图3-7

3．不停，我方右脚垫步，左脚前滑；同时，两掌一齐前推，猛劲震击敌方腰部（右侧），致其扑身栽出。（图3-8）

图3-8

四、牵牛过桥

【实战举例】

1．敌方右脚上步，右拳崩击我方脸部。我方撤步后闪，上身稍仰；同时，左掌立起，向左拦切，伤敌右臂。（图3-9）

图3-9

2. 随即，我方两脚前滑，进身蹲步；同时，两掌变拳（拳眼向上，拳面向前），齐撞敌方胸口。敌方撤身后闪。（图3-10）

图3-10

图3-11

3. 不停，我方右脚跨步，左脚外摆，身稍左转；同时，两拳内旋，顺势变掌（掌心向下，指尖向前），下插敌方小腹。敌方吞身以避。（图3-11）

4．最后，我方左脚再跨一步，进逼敌方裆下，左腿前弓；两掌挺腕竖起，猛劲旋推，抖震敌方胸部，将其击跌而出。（图3-12）

图3-12

五、掷斗打鼠

【实战举例】

1．敌方右脚上步，右拳突然冲击我方脸部。我方退步不及，赶紧向后仰身，以免被击；同时，左掌上提弹腕，向外划劲拦格，阻挡敌方右臂，迟滞敌方连击。（图3-13）

图3-13

2. 敌方见我方未退，左脚紧随，踢向我方裆部。我方向后滑步，赶紧避险；同时，两掌相合，掌根发力，猛然下砸，以硬碰硬，伤其脚背。（图3-14）

图3-14

3. 我方乘敌方左脚受击、未及退身之机，右脚冲进一步，屈膝前弓，挺身逼进；同时，两掌前推，猛劲撞击敌方腹部，致其重创跌出，不复能战。（图3-15）

图3-15

六、旋风飘忽

【实战举例】

1. 临敌之际,我方左脚突进,左膝前弓;同时,两掌上下合击,左掌横切敌方颈部(掌心向下,掌外沿发力);右掌斜切敌方左肋(掌心向上,掌外沿发力)。敌方急忙防护,左臂旋膀前拦,阻我右掌;右手向上提拦,封我左掌。(图3-16)

图3-16

2. 我方右脚垫步,左脚前滑进敌方裆下,坐身蹲桩;同时,右掌向左上划,拨撑敌方左臂;左掌猛然下沉,借势劈砸,掌根发力,对准左大腿根,致其剧疼惨叫。(图3-17)

图3-17

七、魁星敬酒

【实战举例】

1. 敌方右脚上步，右拳崩击我方脸部。我方撤身后闪，左脚虚步；同时，左掌上划，外格敌方右臂。（图3-18）

图3-18

2. 随即，我方左掌旋抓（或旋压）敌方右臂；同时，右脚上步，进于敌方裆下，右膝前弓；右掌反背向前，抖劲崩甩敌方右腮，劲如鞭抽，致其剧疼。（图3-19）

图3-19

八、银蛇进洞

【实战举例】

1. 敌方右脚上步,右拳崩击我方腹部。我方步不后撤,原位吞身,桩势下沉;同时,左掌右伸,横栏敌方右拳;右掌前伸,勾腕外拦敌方右肘,阻截敌方拳击。(图3-20)

图3-20

2. 随即,我方两脚滑步,起身前倾;同时,右掌黏住敌方右臂,向右稍拨;左掌握拳向左前旋摆,拳轮发力,打敌方脖颈,伤其咽喉。(图3-21)

图3-21

第三章　武当字门拳技击法（三十二招）

3．不停，我方左拳顺势下落，下压敌方右臂；同时，右掌挺腕上提，抖劲前削，击敌方右颈，致其昏晕。（图3-22）

图3-22

九、童子作揖

【实战举例】

1．敌方右脚上步，右拳冲击我方脸部。我方撤步坐身，避过来拳；同时，左手上提，屈肘沉腕，左臂外拦，截敌右臂。（图3-23）

图3-23

85

2．随即，我方左脚外展，右脚跨步，进于敌方裆下，两腿屈蹲；同时，两掌向前下猛劲推按，对准敌方腹部，抖然发力，将其击出。（图3-24）

图3-24

十、叶里偷桃

【实战举例】

1．敌方右脚上步，右拳冲击我方脸部。我方重心后坐，身稍后仰，左脚虚步；同时，左掌上划，向外拦格敌方右腕。（图3-25）

图3-25

2. 敌方又冲左拳，击向我方脸部。我方赶紧迎击，右掌上提，拦截敌方左手；同时，左脚前滑；左掌顺着敌方右臂，向前戳击（掌心向上），指尖发力，伤其咽喉。此动连消带打，攻防合一；反客为主，短促突击。（图3-26）

图3-26

十一、文公擦掌

【实战举例】

1. 敌方右脚上步，右拳崩击我方脸部。我方撤身坐步，左脚虚势；同时，左手拧提（掌心向上，指尖向前），用腕部外拦敌方右臂。（图3-27）

图3-27

2. 接着，我方右脚前跨，右膝前弓；右掌插击敌方脸部。敌方两脚向后滑步；右拳外转，以右臂拦格我方右掌，使我方攻击受阻。（图3-28）

图3-28

3. 不停，我方右掌反贴敌方右臂，向右下拦化；同时，左脚前跨，弓步发力；左掌向前斜砍敌方右耳，致其重创。（图3-29）

图3-29

十二、海底捞月

【实战举例】

1. 敌方右脚上步,左腿鞭踢我方右腿。我方右脚后撤,沉身下坐;同时,右手成勾向右前反划,拦挂敌方左脚。(图3-30)

图3-30

2. 随即,我方赶紧起身,右脚前跨,右膝前弓,迅速逼近;同时,右手勾提敌方左腿;左掌直奔敌方胸部,向前猛推,抖劲震击,致其后倒。(图3-31)

图3-31

十三、狸猫上树

【实战举例】

1. 敌方右脚上步,右手向我方眼部插来。我方见敌方手动,后发先至,向下沉身;同时,提起左脚迎击,猛踩敌方右膝,伤其关节,使其难进。(图3-32)

图3-32

2. 随即,我方左脚顺势前落;同时,左掌穿插而去,伤敌咽喉要部。(图3-33)

图3-33

3. 不停，我方左膝前弓，挺身逼近；同时，右掌直奔敌方胸口，猛劲推震，将其击出。（图3-34）

图3-34

十四、滚臂盘龙

【实战举例】

1. 敌方左脚上步，左拳冲击我方胸部。我方撤步坐身；同时，右掌向左上起，砍击敌方左臂，化解敌方来拳。（图3-35）

图3-35

2. 随即，我方右脚前跨一步，进于敌方左脚外侧；同时，右臂内旋裹劲，格击敌方左肘，致其疼痛失力。（图3-36）

图3-36

3. 不停，我方两脚前滑，继续逼敌；同时，左手向左上抓拧敌方左腕，控其后撤；右肘屈臂横击，猛击敌方头部，伤其难逃。（图3-37）

图3-37

十五、拦腰截气

【实战举例】

1. 敌方向我方逼近,右腿高踹我方头部。我方撤步沉身,避过敌方来踢。(图3-38)

图3-38

2. 随即,我方赶紧起身,两脚前滑,右腿蹬劲,左腿前弓;同时,两掌齐出(指尖相对,虎口向下),推按敌方腹部,猛劲震击,致其重创跌出。(图3-39)

图3-39

十六、老妪泼水

【实战举例】

1. 敌方右脚上步,右拳冲击我方脸部。我方向右旋身,巧妙闪过;同时,两掌上提拦截,右掌拦格敌方右拳,左掌拦格敌方右上臂;左脚向前滑进,潜于敌方裆下,两腿成横裆弓步(重心在右)。此为内家常用的"上封下闭"之势。(图3-40)

图3-40

2. 不停,我方左脚外摆,右脚内扣,重心左移,左膝前弓;同时,两掌按住敌方右臂,向前下猛劲扑压,推向敌方腹部,以内家採劲,将其击跌而出。(图3-41)

图3-41

十七、灵官挥鞭

【实战举例】

1. 敌方移步进身，右脚弹踢我方小腹。我方撤步沉身；同时，两拳相交成十字手，下砸敌方右脚，致其疼痛失力。（图3-42）

图3-42

2. 随即，我方两脚前滑，左脚进于敌方裆下，左膝前弓，挺身逼近；同时，左拳成勾手下划，向左外侧拨开敌方右脚；右拳变掌，横推敌方前胸，猛劲震击，致其后仰跌出。（图3-43）

图3-43

十八、倒踢铜炉

【实战举例】

1. 敌方左脚上步，左拳冲击我方脸部。我方见敌势猛，向右转体，身稍后仰，避其锋芒；同时，左腿屈膝提起，蓄势待发。（图3-44）

图3-44

2. 不停，我方左腿急速踢起，脚跟发力，踹击敌方左腋，致敌重创，伤其难逃。（图3-45）

图3-45

十九、顺手牵驴

【实战举例】

1. 敌方左脚上步，右脚弹踢我方裆部。我方左脚速向左侧闪跨，重心左移，弓步横裆；同时，右手弧形向下勾挂，扒住敌方右脚后跟，迟滞敌方攻势。（图3-46）

图3-46

2. 不停，我方后撤左步，右脚摆步，同时，左手向左上反划，叼抓敌方左腕，向左后牵拽；右勾手向上翻提，右肘顺势兜住敌方右小腿，向左猛劲上掀，致敌人仰身翻。（图3-47）

图3-47

二十、金光笼罩

【实战举例】

1. 敌方向前跨步，右脚低扫我方右腿。我方赶紧撤步，沉身蹲桩；同时，左掌向下劈砸，拦截敌方右腿。（图3-48）

图3-48

2. 随即，我方右脚前跨，右手捞抓敌方左小腿，欲行摔跌。敌方右脚退步；左腿屈膝提起，避过我方攻击。（图3-49）

图3-49

第三章 武当字门拳技击法（三十二招）

3．接着，我方左脚进步；同时，立身而起，右掌顺势回收（掌心向下）；左掌前撩（掌心向上），伤敌咽喉。（图3-50）

图3-50

图3-51

4．不停，我方左脚稍移，屈膝前顶，弓步发力，同时，右掌前推敌胸，猛劲抖震，将其击出。（图3-51）

二十一、剪叶挟枝

【实战举例】

1. 敌方右脚上步,右拳冲击我方胸部。我方向后滑步,弓步用力;同时,两掌上提,向里剪切,制敌右臂。(图3-52)

图3-52

2. 随即,我方向右大幅转身,两脚摆扣;同时,右手抓扣敌方右腕,向右后拽提;左臂屈肘绕过敌方右臂,左腋夹压敌方右肘,向右下猛劲旋压,伤其关节,致其跪伏。(图3-53)

图3-53

二十二、浪子踢球

【实战举例】

1. 敌方右脚上步,右拳冲击我方脸部。我方撤身收步,左脚虚步,重心后坐;同时,右掌上提,暗护上门,有备无患。(图3-54)

图3-54

2. 随即,我方左脚前滑;同时,左掌向前上挑,外拨敌方右腕(掌心向上,指尖向左);右脚撩踢敌方裆部,力贯脚尖迫其后退。(图3-55)

图3-55

3. 不停，我方右脚落步；同时，撩出左脚，再击敌裆。如此一踢一落，一落即踢，连环腿击，伤敌乃止。（图3-56）

图3-56

二十三、浪里翻身

【实战举例】

1. 敌方前跨，左脚撩踢我方裆部。我方向后撤步，沉身下坐；同时，两掌交叉，合力下拦，挡住敌方左腿。（图3-57）

图3-57

2. 我方两掌向下抖劲，震落敌方左脚；随即，上身速向左转约半周，左掌反背甩击（鞭劲），打向敌方左腮。敌方收步沉身，左臂屈肘，阻截我方左掌。（图3-58）

图3-58

3. 我方速向右转约半周，沉身跪步；同时，两掌旋劲，戳击敌方裆部。敌方退步左转，收提左腿，再度避过。（图3-59）

图3-59

4. 不停，我方两脚前滑，右腿弓步，挺身逼近；同时，两掌双推而出，猛劲震击敌方胸部，致其远跌而去。（图3-60）

图3-60

二十四、肩峰靠壁

【实战举例】

1. 敌方右脚上步，右拳崩击我方脸部。我方撤身坐马，避过来拳；同时，左手上翻（虎口向左），外格敌方右臂，向左化劲拦开。（图3-61）

图3-61

104

2. 随即，我方两脚滑步，左膝前弓，身向前冲；同时，左肩向左前猛劲撞击，对准敌方胸部，致其翻跌而出。（图3-62）

图3-62

二十五、关门拒敌

【实战举例】

1. 敌方右脚上步，右拳冲击我方脸部。我方撤步，向左偏头闪过，使敌拳空发；同时，左掌提起，向右拦推敌方右上臂。（图3-63）

图3-63

2．随即，我方左掌向右下旋压敌方右臂；同时，左脚跨进，拦于敌方右腿外侧；右掌猛劲向斜上砍击，对准敌方左耳部，致其剧疼难忍。（图3-64）

图3-64

图3-65

3．不停，我方右脚向右前摆，马步蹲身；同时，左掌紧跟，猛推敌方腹部，抖劲震击，致敌内伤。（图3-65）

二十六、黑风卷地

【实战举例】

1.敌方上步进身，左脚踢击我方裆部。我方向后稍撤，沉身后坐；同时，左掌向左下斜劈，阻截住敌方腿。（图3-66）

图3-66

2．随即，我方迅速起身；同时，右脚猛劲前踩，踢敌右膝，伤其关节，致其歪倒。（图3-67）

图3-67

二十七、搅纱逼手

【实战举例】

1. 敌方右脚上步，右拳冲击我方脸部。我方不退步，向右一闪；同时，左手上挑，以左臂外格敌方右臂；右掌前削（掌外沿发力），伤其右肋。此为连消带打，攻防合一。（图3-68）

图3-68

2. 不停，我方右脚前跨，左脚跟抬起，两腿夹裆扣膝；同时，左掌下沉，右掌立起，两掌一齐向前推挫而去，对准敌方腹部，合力抖震，将其击出。（图3-69）

图3-69

二十八、开天辟地

【实战举例】

1. 敌方右脚上步,右拳崩击我方头部。我方向下沉身,避过敌拳;同时,右掌向左前斜砍敌方右臂,致其疼痛失力。(图3-70)

图3-70

2. 接着,我方右脚摆进,屈膝前弓;同时,左拳斜向前栽,击敌方裆部,致其重创。(图3-71)

图3-71

二十九、含机抱珠

【实战举例】

1. 敌方突进一步,左脚扫踢我方右腰。我方向右转身,跪步蹲桩;同时,两拳屈肘上提,硬劲外拦,用两前臂阻截敌方左小腿。(图3-72)

图3-72

2. 随即,我方左脚上步,上体左转,左腿前弓,挺身逼近;同时,两拳变掌分展,右掌助劲;左掌向前上扫,横劲拦击敌方上盘,致其翻身歪倒。(图3-73)

图3-73

三十、顺牵反逼

【实战举例】

1. 我方主动攻击，左脚进步，左腿前弓，身向前逼；同时，左掌放长击远，插向敌方咽喉。敌方退步坐身；右拳绕弧上提，用右前臂外格我方左腕。（图3-74）

图3-74

2. 我方右手前伸，抓拿敌方右腕，向右缠带；同时，向右转身，左臂屈肘，左掌立起，向右旋裹敌方右肘，两手合力使敌身前扑。（图3-75）

图3-75

3. 不停，我方左掌继续裹压敌方右臂，使其下落；同时，向左转身，两脚摆扣，左腿弓步；右手松开敌方右腕，变掌向前上推，对准敌方下颌，抖劲震击，致其脱臼。（图3-76）

图3-76

三十一、提拦劈压

【实战举例】

1. 敌方右脚上步，右拳冲击我方胸部。我方撤身蹲步；同时，右掌向左上拦，堵住敌方拳面。（图3-77）

图3-77

第三章 武当字门拳技击法（三十二招）

2.接着，我方右脚垫步，左脚前滑跨入敌方裆下，身向右转；同时，右掌前伸，抓拿敌方右腕，向右下方拧拽；左掌猛劲向右旋劈，击敌右上臂，致其疼痛失力，身向前扑。（图3-78）

图3-78

图3-79

3.不停，我方右手拧住敌方右腕向上提劲；同时，左掌贴住敌方右上臂向下压按，扭曲敌方右肘，迫其跪地就擒。（图3-79）

113

三十二、蛇缠反首

【实战举例】

1. 敌方右脚上步，右拳冲击我方脸部。我方向后稍撤，避敌方锋芒；同时，右掌上提，外拦敌方右臂。（图3-80）

图3-80

2. 随即，我方左脚前滑，向右转身；同时，右掌捋抓敌方右腕，向右缠拧拽提；同时，左臂伸开，夹住敌方右肘向下沉压，迫使其俯身失势。（图3-81）

图3-81

第三章　武当字门拳技击法（三十二招）

3. 不停，我方向左转身，两脚摆扣；同时，右手松开，与左掌一起发力，突然向左扑向敌方头脸，猛劲推送，将其跌出。（图3-82）

图3-82

115

第四章

武当通臂拳技击法（三十二招）

通臂拳自古就是武当名拳，练法非常丰富，如白猿通臂拳、仙猿通臂拳、灵猿通臂拳、猿仙通臂拳、仙山通臂拳、合一通臂拳、两翼通臂拳、五行通臂拳、五猴通臂拳、六合通臂拳、梅花通臂拳、心机通臂拳、无极通臂拳、太极通臂拳、混元通臂拳、筋经通臂拳、摔手通臂拳、通臂长拳等，不胜枚举。本章即精选其中秘招三十二势。

武当通臂拳练法要诀:"手臂似鞭,腕活如环;肩似风轮,立抡成圆;高低起伏,松柔刚健;直出侧入,身步灵变。"

武当通臂拳劲法要诀:"圆中发力,缠、抖、翻、游、转;粘衣发劲,快、硬、冷、脆、弹。"

武当通臂拳技击要诀:"吞吐浮沉,不拦即闪;摆击横打,抽撤连环;架势舒展,放长击远;发劲通达,力道饱满;软中带硬,硬中带连;开合有致,变化多端。"

一、飞鹰抖翅

【实战举例】

1. 敌方左脚上步，进于我方裆下；同时，两手来擒，左手下抓我方左腕，右手上抓我方左肩。我方向后稍撤；同时，右手赶紧按住敌方右手，向右后拉，使其右臂伸开，不易发力。（图4-1）

图4-1

2. 随即，我方左脚向后撤步，屈膝沉身；同时，左手猛然向左上摆，脱开敌方左手之际，顺势抱住自己右手，两手合力按压，伤敌右腕，致其前俯。（图4-2）

图4-2

3. 不停，我方右脚进步，右膝前弓；同时，左手向左拨开敌方右臂；右掌前伸，托起敌方下颌猛劲前推，致其仰身歪倒。（图4-3）

图4-3

二、摇铃打手

【实战举例】

1. 敌方右脚上步，右拳冲击我方脸部。我方步稍后撤，避过敌方拳击；同时，上起左掌，外拦敌方右臂。（图4-4）

图4-4

2. 随之，敌方跟出左拳，再度冲击我方脸部。我方右脚撤步；同时，上起右掌，向外拦敌方左臂。（图4-5）

图4-5

第四章 武当通臂拳技击法（三十二招）

3. 敌方连击不停，左脚跟步，立身而起；右拳再度冲击我方脸部。我方右掌内割，拦切敌方右臂。（图4-6）

图4-6

4. 我方乘势反击，上步沉身，右脚进于敌方裆下；同时，双掌推击敌方裆部。敌方急忙吞身闪避。（图4-7）

图4-7

121

5. 不停，我方立身而起，右腿前弓；同时，两掌分开，右掌前推，猛劲震击，伤其胸部，致其后倒。（图4-8）

图4-8

三、黑龙入洞

【实战举例】

1. 敌方跨步进身，右腿踹踢我方脸部。我方赶紧向下沉身，避过敌方腿击；两掌上提，防护上门，蓄势待发。（图4-9）

图4-9

2. 接着，我方两脚前滑，左腿前弓；同时，双掌猛劲推击，对准敌方左大腿根，致其远跌而去。（图4-10）

图4-10

四、白龙吐舌

【实战举例】

1. 我方右脚进步，右拳砸向敌方脸部。敌方急忙招架，用右掌前推我方右拳，使我方拳击受阻。（图4-11）

图4-11

2. 随即，我方右脚向右一摆，左手向左一拨；同时，右拳向右一转，顺势伸指成掌，插向敌方眼睛，放长击远，猝然难防。（图4-12）

图4-12

3. 不停，我方右脚再进；右掌再击，内转下插，伤敌胸前膻中穴。（图4-13）

图4-13

五、袖底藏针

【实战举例】

1. 敌方右脚上步，右拳冲击我方脸部。我方身稍后撤；同时，右掌上挑，用掌背外格敌方右臂。（图4-14）

图4-14

2. 接着，我方身向右转，两脚摆扣；同时，右掌扣指抓拿敌方右腕，向右拧拉；左手上划抓拿敌方右前臂，左肘顺势盘压敌方右肘，致其身扑欲倒。（图4-15）

图4-15

3．不停，我方突然向左回身，两手松握；腾出右掌，黏住敌方胸部，猛然向左上推，致其歪身跌出。（图4-16）

图4-16

六、贴花夺面

【实战举例】

1．敌方移步进身，右腿踹击我方脸部。我方赶紧沉身，避过敌方腿击。（图4-17）

图4-17

2.随即,我方右脚稍滑,起身弓步;同时,双掌前推,击敌小腹,震劲发力,致其远跌。(图4-18)

图4-18

七、白蟒卷尾

【实战举例】

1.敌方跨步进身,右脚蹬击我方胸部。我方退步缩身,避过来踢;同时,左手反划,勾挂敌方右脚后跟。(图4-19)

图4-19

2．随即，我方立身而起，向左稍转，右脚扣步；同时，左腿前蹬，踢敌心窝，致其后倒。（图4-20）

图4-20

八、牵马渡河

【实战举例】

1．敌方进身，右脚撩踢我方裆部。我方向左闪过，右脚虚步，屈膝沉身；同时，右掌下伸，向外拦截敌方右脚。（图4-21）

图4-21

第四章 武当通臂拳技击法（三十二招）

2. 随即，我方右手顺势抓锁敌方右脚踝，向上兜起；同时，右脚外展，左脚跨步，向右转身；左手握拳下伸，左膀向右挤靠，裹击敌方右膝，致其身步歪斜。（图4-22）

图4-22

图4-23

3. 接着，我方向左转身，两脚摆扣；左腿前弓，挺身逼近；同时，两手成掌，向前扎击敌方下颌，致其头向后仰。（图4-23）

129

4. 最后，我方两脚滑步；同时，两掌捧住敌方下颌，猛然抖劲前推，致其翻跌而出。（图4-24）

图4-24

九、天师盖印

【实战举例】

1. 敌方移步进身，突然左转，两手按地；右腿低扫我方左脚。我方赶紧后闪，左腿屈膝提起，避过敌方来腿。（图4-25）

图4-25

2．随即，我方不等敌方变势，左脚向前落步，左膝前弓进逼；同时，两拳半握，速向前下盖击敌方脸部，两手合力，致敌重创。（图4-26）

图4-26

十、力劈华山

【实战举例】

1．敌方右脚上步，右拳冲击我方脸部。我方撤身虚步；同时，右掌上挑，外格敌方右腕，阻截敌方拳击。（图4-27）

图4-27

2. 接着，我方右掌抓拧敌方右腕，向右后拉；左脚向前上步，进于敌方右后；同时，向右转体，乘敌前扑之机，左掌猛劈敌方背脊，将其击倒在地。（图4-28）

图4-28

十一、纯阳敬酒

【实战举例】

1. 敌方右脚跨步，右拳冲打我方咽喉。我方赶紧撤步，向右偏身；同时，两掌上起拦截，右掌拦其右拳，左掌拦其右肘。（图4-29）

图4-29

2．随即，我方左掌顺势向下发劲一震，使其右臂下落，上门空虚；同时，左腿上步前弓；右掌乘机突袭，撩击敌方咽喉，致其当场昏晕。（图4-30）

图4-30

十二、飞剑落花

【实战举例】

1．敌方左脚上步，左拳冲击我方脸部。我方撤步蹲身，闪过来拳；同时，右掌向左拦切敌方左上臂（或左肘），致其疼痛失力。（图4-31）

图4-31

133

2. 随即，我方右掌向左下划，拦压敌方左臂；同时，左脚上步，进于敌方裆下；左掌前插，伤敌咽喉。（图4-32）

图4-32

十三、风绕孤灯

【实战举例】

1. 敌方右脚上步，右拳冲击我方咽喉。我方并不撤步，向右转体，向左偏身，闪开来拳；同时，左臂屈肘右旋，拦格敌方右腕。（图4-33）

图4-33

2. 随即，我方向左转体，右脚内扣；左脚上步，后绊敌方右腿；同时，在我方左臂向下裹压敌方右臂之际，两掌顺势齐推而出，猛劲震击敌方胸部，致其后倒跌出。（图4-34）

图4-34

十四、渔夫撒网

【**实战举例**】

1. 敌方右脚上步，右拳冲击我方脸部。我方撤步坐身；同时，上起右掌，向左拦拍敌方右臂。（图4-35）

图4-35

2. 随即，我方左脚上步，进于敌方裆下；同时，左掌提起，猛劲向右下劈击敌方右臂，致其疼痛失力；右掌立起，防护上门，蓄势待发。（图4-36）

图4-36

3. 不停，我方左膝前弓，顶靠敌方右腿；同时，两掌齐向敌方胸部推撑而出，猛劲抖震，致其后倒。（图4-37）

图4-37

十五、猿伏突击

【实战举例】

1. 敌方移步进身，右脚正蹬我方脸部。我方撤步缩身，向下闪过，左脚点地，蓄势待发；同时，两手提起，护在身前。（图4-38）

图4-38

2. 我方左脚向前滑步，左膝前弓，挺身逼近；同时，左掌放长击远，上撩敌方咽喉，致其重创后倒。（图4-39）

图4-39

十六、辕门射戟

【**实战举例**】

1. 敌方右脚上步，右拳冲击我方脸部。我方左手上拦，顺势缠抓敌方右腕，向左牵带；同时，右掌猛劲前削，伤敌颈部，击其难逃。（图4-40）

图4-40

2. 随即，我方右脚上步，左脚顺势左摆；同时，右掌回收，左掌前推，以开弓势击敌心窝，猛劲抖震，致其重创。（图4-41）

图4-41

十七、推山入海

【实战举例】

1. 敌方左脚上步,左拳冲击我方脸部。我方撤步蹲身,避过来拳。(图4-42)

图4-42

2. 不待敌变,我方左脚前跨,进敌裆下,左腿前弓,挺身逼近;同时,两掌齐出,掌根发力,推击敌方前胸,猛劲抖震,致其跌出。(图4-43)

图4-43

十八、落地捡柴

【实战举例】

1. 敌方上步进身,左拳崩击我方脸部。我方迅疾撤步,向后坐身;同时,右掌向左斜砍敌方左臂,致其疼痛失力,化解敌拳攻势。(图4-44)

图4-44

2. 随之,我方起身右转,提起左脚,斜踩敌方左脚,伤其趾骨;同时,右手收至胸前。(图4-45)

图4-45

3．不停，我方左脚踩踏不松，重心左移，马步蹲身；同时，左掌向下斜劈敌方左膝，伤其关节。（图4-46）

图4-46

十九、牵马横刀

【实战举例】

1．敌方右脚上步，右拳栽击我方腹部。我方退步吞身；同时，右掌下拍敌方右臂，阻截来拳攻击。（图4-47）

图4-47

2. 随即，我方右手旋指抓拿敌方右腕，向右后牵拉；同时，左脚上步，后拦敌方右脚；左掌向右横推敌方右上臂，使其身步歪斜。（图4-48）

图4-48

图4-49

3. 不停，我方左膝向左前弓，顶撞敌方右膝；同时，左掌前伸，以左前臂横拦敌方脖颈，向左猛劲旋压，致其仰身跌出。（图4-49）

二十、力拔枯柳

【实战举例】

1. 敌方上步进身，左脚弹踢我方裆部。我方撤步潜身；同时，两掌向下猛劲砸击，两手合力，伤敌左脚。（图4-50）

图4-50

2. 随即，我方右手划弧上抄，顺势以右肘弯兜夹住敌方左小腿；同时，右脚前滑，右膝前弓，身体挺起；左掌上推敌方胸部，猛劲推震，致其后歪。（图4-51）

图4-51

二十一、蛟龙摆尾

【实战举例】

1. 敌方右脚上步，右拳冲击我方脸部。我方撤步闪身；同时，右手上提，掌背向右甩击，弹击敌方右臂。（图4-52）

图4-52

2. 随即，我方右手抓缠敌方右腕，向右后牵；同时，左脚上步，进至敌方右侧；左掌前伸，劈按敌方右上臂，使其身形歪斜。（图4-53）

图4-53

3. 不停，我方陡然发劲，两掌向左抖劲推按，致其措手不及，旋身扑出。（图4-54）

图4-54

二十二、穿针引线

【实战举例】

1. 敌方左脚上步，左拳冲击我方脸部。我方右脚向右摆步，上体右倾闪过；同时，左手向左上划，横势用力，格阻敌方左臂。（图4-55）

图4-55

2. 接着，我方左脚向右扣步，右腿下蹲；同时，左手扣拿敌方左腕，猛劲向左下牵拽，使其前扑欲倒。（图4-56）

图4-56

3. 不停，我方右脚速向左前上步，向左转体，左腿前弓；同时，右手成拳，拳背发力，猛劲下劈，伤敌脑后，将其打趴。（图4-57）

图4-57

二十三、双龙出洞

【实战举例】

1. 我方右脚进步,突然潜身;同时,两拳齐砸而出(拳面斜向上,拳背斜向前),奇袭敌方裆部。敌方急忙闪身,收腹吞裆。(图4-58)

图4-58

2. 不停,我方左脚速进一步,紧逼不放;同时,双拳顺势内旋,齐冲敌方腹部(拳心向下,拳面向前),将其重创跌出。两手齐出,先砸后冲,击敌下门,犀利难测。(图4-59)

图4-59

二十四、天师摩圈

【实战举例】

1. 我方左脚进步，迅速潜身，以两掌向里合抄敌方在前之左小腿，欲行摔跌（或向里切击，伤其小腿）。敌方左腿提起，避过我方进攻。（图4-60）

图4-60

图4-61

2. 随即，我方两脚前滑，立身弓步；同时，两掌向前猛推敌方胸部。敌方左脚后落，仰身避过。（图4-61）

3. 跟踪追击，我方两脚再次向前滑步；同时，两掌向下按击敌方小腹。敌方吞身吸腹，再次避过。（图4-62）

图4-62

4. 紧追不舍，我方第三次前滑；同时，两掌向前上方推击敌方胸部，猛劲抖震，将敌重创，致其后倒。（图4-63）

图4-63

二十五、抛打三关

【实战举例】

1. 敌方左脚上步，左拳冲击我方脸部。我方左脚向左摆步，身向左移；同时，右拳向左勾摆，横击敌方左臂，阻截敌方拳击。（图4-64）

图4-64

2．随即，我方右脚垫步，左脚前滑，桩成半马；同时，右拳变掌，向左下划，拨开敌方左手；同时，左掌向前下插，击向敌方裆部。敌方急忙吞身后闪。（图4-65）

图4-65

3. 不停，我方左腿前弓，挺身逼近；同时，向左转身，右掌成勾手向前弹劲抛提，勾背发力，顶击敌方下颌，致其脱臼，无法言语。（图4-66）

图4-66

二十六、凤凰晒翅

【实战举例】

1. 敌方右脚上步，右拳栽击我方胸部。我方退步拧身；同时，左臂屈肘上提，内裹敌方右腕，将敌攻势化解。（图4-67）

图4-67

2. 不停，我方右脚进步，挺身逼近；同时，左手成掌，顺势前抖，推震敌方胸部，致敌仰身后歪。（图4-68）

图4-68

二十七、海底捞月

【实战举例】

1. 敌方移步进身，起右脚扫击我方左膝。我方左脚向左横摆，弓步俯身；同时，左手为勾，弧形下划，外挂敌方右脚踝部。（图4-69）

图4-69

2. 随即，我方左手勾住敌方右脚顺势上提，左臂屈肘外撑；同时，右脚上前一步，身向下潜；右手前伸，去抄敌方左膝。（图4-70）

图4-70

3. 不停，我方身体上起，右腿前弓；同时，右手抄抓敌方左膝弯，向上猛劲提掀，将敌撂翻滚出。（图4-71）

图4-71

二十八、推窗望月

【实战举例】

1. 敌方上步进身,右脚弹踢我方裆部。我方撤步吞身;同时,左掌向下猛劈敌方右脚,致其疼痛失力。(图4-72)

图4-72

2. 随即,我方左脚前滑,右脚紧跟,冲入敌方正门;同时,左掌外拨敌方右腿;右掌向前猛推敌方心窝。敌方急忙后闪。(图4-73)

图4-73

3. 不停，我方左膝前弓，身向前倾；同时，右手后甩；左掌成勾手，向前上抖，顶击敌方下颌，致其仰头后倒。（图4-74）

图4-74

二十九、飞花夺月

【实战举例】

1. 敌方右脚上步，右拳冲击我方脸部。我方撤身收势，左脚虚步；同时，左掌上提，外格敌方右臂，阻截敌方右拳。（图4-75）

图4-75

2. 随即，我方左脚前滑；同时，左手划弧，拨压敌方右臂；右掌乘机上撩，指尖发力，伤其咽喉。（图4-76）

图4-76

3. 不停，我方左膝前弓，顶击敌方右腿；同时，左掌猛然前抖，推震敌方右肋，致其重创。（图4-77）

图4-77

三十、浪子摇船

【实战举例】

1. 我方抢攻，右脚跨步进于敌方左侧，右膝前弓，身向前倾；同时，右手反背甩掌，猛劲击打敌方脸部。敌方急忙仰头后闪。（图4-78）

图4-78

2. 随即，我方向左转身，两脚碾转；同时，左手反背甩掌，扫击敌方后脑，大幅旋劲，致其重创。（图4-79）

图4-79

三十一、狮子开口

【实战举例】

1. 敌方上步进身，右脚弹踢我方裆部；左拳冲击我方脸部。我方撤身坐步；同时，左手下伸，拦格敌方右腿；右手上提，架挡敌方左臂。（图4-80）

图4-80

2. 随即，我方左脚前滑，半马进逼；同时，两掌向前里合，上下齐击，掌根发力（右掌指尖向上，左掌指尖向下，两掌掌心皆向前），推敌胸口，猛劲抖震，致其后倒。（图4-81）

图4-81

三十二、换盏推杯

【实战举例】

1. 敌方左脚上步，左拳冲击我方脸部。我方向右旋身闪过；同时，左掌上提，左臂屈肘内裹，拦格敌方左臂。（图4-82）

图4-82

2. 随即，我方左脚垫步，右脚前滑，后拦敌方左脚，同时，左臂黏住敌方左臂，向下划劲按压；右掌顺势向前推托，黏住敌方下颌，猛然抖震，伤其难逃。（图4-83）

图4-83

第五章
武当无极拳技击法（二十四招）

编者研究武术史多年，经常收集一些武学古籍，后有幸得一秘本——《无极拳谱》。此书于1935年由上海大东书局出版，演示者为河北霸县抱道氏（姓名不详），书后附录廖子玉《无极拳通论》三篇（构造篇、足步篇、功夫篇）。

《无极拳序文》言："拳术宗派不一，名称亦别，海内所宗者，以武当、少林两派为大。习之者，各师其师，各法其法，由勉强而进于自然，由自然而臻于神化，殊途而同归，其成功则一也。无极拳者，张三丰祖师最后之组织，与太极、八卦合为一部大道者也。""余之无极拳，昼按八方、四时、五行，实以一百二十八手图写一圈，而为一周天也。""谓之先天拳可，谓之天地人本源之象，亦无不可者也。夫内功足者，外功余矣，柔道用者，刚道化矣。老子重柔，三丰祖师致柔，道道相传，故我拳之运动纯任自然，缓缓以行之，若不用力者。迨夫久习成熟，力亦不期而自至焉。"

三丰无极拳共一百二十八势，本章鉴于篇幅，仅选其最为实用者二十四招。无极拳技击，讲究以逸待劳，缠丝滚化；借力就势，柔化刚发；近身夺位，挨膀挤靠；粘衣崩抖，弹劲冷动；软硬相兼，变化多端。

一、反弹铁扇

【实战举例】

1. 敌方左脚进步，向我方逼近；两手抓住我方胸襟，意欲擒拿。（图5-1）

图5-1

第五章 武当无极拳技击法（二十四招）

2. 我方身体左转，左手向左拦切敌方左腕，向左按压；同时，右手向下拦压敌方左臂，向下切击，迫其两手松开。（图5-2）

图5-2

3. 不停，我方右脚上步，后绊敌方左腿，桩势下沉；同时，右掌向右猛然崩甩敌方胸部，手臂稍屈，手背发劲，上下配合，将敌跌出。（图5-3）

图5-3

二、飞燕归巢

【实战举例】

1. 敌方左脚上步,左拳冲击我方胸部。我方身略后撤;同时,左掌上起,向右拦截敌方左前臂。(图5-4)

图5-4

2. 随之,我方左手黏住敌方左臂向右捋压;同时,右脚上于敌方左腿外侧,进身逼靠;右掌向右猛然崩甩敌方下颌,致敌仰跌。(图5-5)

图5-5

三、顺水推舟

【实战举例】

1. 敌方右脚上步，右拳冲击我方胸部。我方身体后坐，向左闪身；同时，双掌上起拦截，左手拦其右上臂，右手拦其拳部。（图5-6）

图5-6

2. 我方右手顺势抓住敌方右腕，向下缠压；同时，左掌按住敌方右上臂向右推别，扭曲敌方右臂，使其被动失力。（图5-7）

图5-7

3. 随即，我方右脚向前上步，绊住敌方左脚，阻其后退；同时，右掌手背向右猝然抖劲崩甩，伤敌下颌，致其向后仰身。（图5-8）

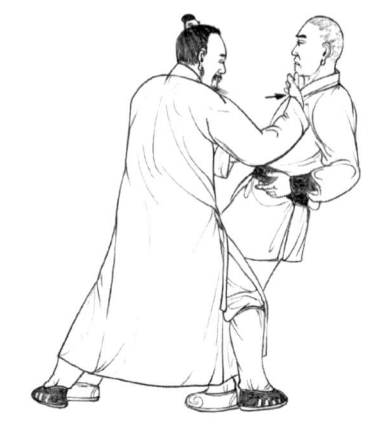

图5-8

4. 不停，我方右手不收，粘身再顺势向前按压，致其歪身倒地。（图5-9）

图5-9

四、抛蛇过岸

【实战举例】

1. 敌方右脚上步,右拳冲击我方胸部。我方撤身;同时,右手上起,外拦敌方右臂。(图5-10)

图5-10

2. 随即,我方右脚上步;同时,右掌反抓敌方右腕。(图5-11)

图5-11

3．不停，我方右手向右下猛劲拉拽；同时，左掌按住敌方右肘，向右、向上捋劲，协同发力，致其扑身前栽。（图5-12）

图5-12

五、牵牛进栏

【实战举例】

1．敌方左脚上步，左拳崩击我方胸部。我方步稍后撤，上体左旋；同时，上起右掌，向左拦截敌方左臂。（图5-13）

图5-13

第五章 武当无极拳技击法（二十四招）

2. 随之，我方左手前伸，抓拿敌方左腕；同时，两脚滑步；右掌顺势黏住敌方左肘，向左按压。（图5-14）

图5-14

3. 接着，我方左脚稍撤半步，身体后坐；同时，两手抓、黏敌方腕、肘，继续向下、向左捋压，致其跪地失力。（图5-15）

图5-15

169

4．不停，我方身体左旋，两手猛然发劲，左手拉拽，右手捋带，致敌扑跌而去。（图5-16）

图5-16

六、顺手甩蛇

【实战举例】

1．敌方上步进身，右腿蹬击我方胸部。我方向左偏身闪过；同时，两手上起拦截，右掌拦其右脚，左掌拦其右膝。（图5-17）

图5-17

2．不停，我方身体右旋；两手抓住敌方右腿，向右后猛劲牵拉，致其向前扑出。（图5-18）

图5-18

七、关门拒客

【实战举例】

1．敌我相遇之时，敌方左脚上步，出左手抓住我方左肘。我方赶紧屈肘，上提左掌，保护上门。（图5-19）

图5-19

2. 随即，我方左掌向外、向下、向右、向上划弧缠丝，使敌左手脱开，顺势拦压敌方左臂。（图5-20）

图5-20

3. 不停，我方左脚前滑，进于敌方左脚外侧，左腿前弓，身向前逼；同时，两手向前屈臂挤、推，左手挤压敌方下颌，右手推按敌方左肩，粘身冷劲弹抖，致其斜身歪倒。（图5-21）

图5-21

八、抱虎推山

【实战举例】

1. 敌方左脚上步，两手抓揪我方胸襟，欲使擒拿制我方。（图5-22）

图5-22

2. 我方身稍前俯，稳住身形；同时，两掌环臂拱手，向前上提，蓄势待发。（图5-23）

图5-23

3. 随之，我方左脚稍向后移；两掌掌心朝内，一齐猛然下砸，掌外沿发劲，对准敌方两前臂上侧（曲池穴），震开敌方双手抓揪，致其剧疼失力。（图5-24）

图5-24

4. 接着，我方两脚前滑，挺身前逼；两手向前挤压敌方两臂。（图5-25）

图5-25

5. 最后，我方右脚再进，右腿弓步；两手向前崩抖敌方胸部，致其仰身后倒。（图5-26）

图5-26

九、青龙卷浪

【实战举例】

1. 敌方左脚进步，左拳崩打我方面部。我方向后撤身；同时，上起左掌，外拦敌方左臂。（图5-27）

图5-27

2. 随之，我方右脚上步，后绊敌方左脚，进身逼靠；同时，左手黏持敌方左臂，向左捋化；右手前伸，向左拦切敌方左肘。（图5-28）

图5-28

3. 不停，我方右脚稍进，右膝前弓，顶靠敌方左腿；同时，两手黏持敌方左臂，向前挤劲推发，上下配合，将敌送出。（图5-29）

图5-29

十、金豹推山

【实战举例】

1. 敌方左脚上步，左拳冲击我方胸部。我方身向左转，避过敌拳；同时，重心下沉，上起两手，由右向左拦贴敌方左臂，向左将化。（图5-30）

图5-30

2. 随之，我方黏持敌方左臂，左手缠，右手压；同时，两脚前滑，右脚进至敌方左侧，近身紧逼。敌方两臂屈肘，贴住我方两掌前挤，化解我方推劲。（图5-31）

图5-31

177

3. 接着，我方右脚稍进；同时，两掌向前下按，化解敌方挤劲，致其身向后缩，被动失力。（图5-32）

图5-32

4. 不停，我方右膝顺势前弓；同时，两掌粘身发力，黏按敌方两臂，猛然抖劲前推，将敌送出。（图5-33）

图5-33

十一、子牙抚琴

【实战举例】

1. 敌方左脚上步，两手齐出，向我方胸部推来。我方含胸稍闪；同时，两掌里合，夹按敌方两臂，化解敌方推劲。（图5-34）

图5-34

2. 随即，我方右脚上步，进于敌方左脚外侧；同时，两掌黏持敌方前臂，向前下压，迫其屈肘收手。（图5-35）

图5-35

3. 不停，我方右脚稍进，右膝前弓；同时，两掌乘机向前、向上发力，猝然推撞敌方胸部，将其送出。（图5-36）

图5-36

十二、哪吒擒龙

【实战举例】

1. 敌方右脚上步，右拳冲击我方胸部。我方侧身以避；同时，两手一齐上拦，右手抓拿敌方右腕，左手贴挤敌方右上臂。（图5-37）

图5-37

第五章 武当无极拳技击法（二十四招）

2. 随之，我方左脚进步，拦住敌方右脚；同时，右手向右牵提敌方右腕；左掌黏持敌方右上臂，向右推按，使其身向左偏。（图5-38）

图5-38

图5-39

3. 不停，我方身向右转，右手牵敌右腕，向外缠劲；同时，左手捋抓敌方左前臂，左肘顺势压住敌方右肘，反敌关节，将其擒拿。（图5-39）

181

十三、霸王请客

【实战举例】

1. 敌方右脚进步，右拳冲击我方胸部。我方身稍后撤；同时，右掌上提，外拦敌方右臂。（图5-40）

图5-40

2. 随即，我方右掌外旋抓拿敌方右腕；同时，左脚上步；左掌黏附敌方右肘。（图5-41）

图5-41

3．不停，我方右脚退步，身体下沉；同时，右手突然向右下捋拽敌腕；左掌黏持敌方右肘，向右猛劲旋压，致其重心失衡，扑身前栽。（图5-42）

图5-42

十四、河伯托梁

【实战举例】

1．敌方右脚上步，右拳冲击我方脸部。我方身稍后撤；同时，右掌迎击，向右拦切敌方右臂。（图5-43）

图5-43

2．随即，我方右手顺势抓拿敌方右腕，向右上拽去；同时，左手向前上托架敌方右上臂，使其中门空虚。（图5-44）

图5-44

3．不停，我方左脚稍进，左腿前弓，身向前逼；同时，左掌粘身发力（右手助劲前送），陡然前推，震击敌方右胸，致其仰身歪倒。（图5-45）

图5-45

十五、伏弩穿壁

【实战举例】

1. 我方临敌,敌方右脚上步,出右手抓拿我方左腕。(图5-46)

图5-46

2．我方后撤右步,向后坐身;左手赶紧回拉,牵带敌方,致其身体前倾,直臂失力。(图5-47)

图5-47

3. 随即，我方左手外翻，压按敌方右腕；同时，右手握拳，向前弧劲勾撞，伤敌右肘关节；同时，右脚撩踢（右膝稍屈），脚尖发力，伤敌右腿胫骨。（图5-48）

图5-48

十六、提篮踏虹

【实战举例】

1. 敌方右脚进步，左拳勾击我方腹部。我方向后稍撤，吞身收腹，避过敌拳；同时，两手上提，蓄势待发。（图5-49）

图5-49

第五章　武当无极拳技击法（二十四招）

2．随即，我方左掌借一提之势，下按敌方左前臂，向里捋化。（图5-50）

图5-50

3．接着，我方左掌黏贴敌方左前臂旋手转腕，抓拿敌方左腕，向左提起；同时，向左转身，两脚摆扣；右掌穿过敌方左臂，用右前臂前托敌方左肘。（图5-51）

图5-51

4. 不停，我方左脚稍进；同时，左手向下一采；右掌陡然上穿，右肘兜起敌方右肘抖劲上提，折敌关节，将其跌出。（图5-52）

图5-52

十七、摆肘逼门

【实战举例】

1. 敌方右脚上步，右拳冲击我方脸部。我方向后坐身，避过敌拳；同时，上起右掌，外拦敌方右腕。（图5-53）

图5-53

2. 我方右掌外旋抓拿敌方右腕，向右牵拉；右脚撤步助力；随即，左脚前移；左掌黏贴敌方右肘，向右旋推，使其偏身失力。（图5-54）

图5-54

3. 接着，我方左手抓扣敌方右肘，两手继续向右捋拽，牵带敌方身体，使敌左脚被动跟步。（图5-55）

图5-55

4. 不停，我方突然向左转身，左脚外展，左膝前弓；同时，左肘乘机向左前捣，对准敌方心窝，致其重创跌出。（图5-56）

图5-56

十八、倒打金钟

【实战举例】

1. 我方右脚上步，左拳崩击敌方腹部。敌方吞身收腹之际，用右手按抓我方左腕。（图5-57）

图5-57

2. 不停，我方左脚上步，后绊敌方右脚；同时，身向右转，左臂屈肘，肘尖向前进逼，顶撞敌方胸部。敌方撤身以避。（图5-58）

3. 接着，我方重心右移，右腿弓步；同时，左拳突然向右下直臂栽去，挣脱敌方右手，牵带敌方前倾。（图5-59）

图5-58

图5-59

4. 最后，我身迅速回转，两脚捭扣；同时，左臂屈肘，向敌咽喉猛劲撩去，使其彻底丧失行动力。（图5-60）

图5-60

十九、猿公敬酒

【实战举例】

1. 敌方从我方身后偷袭,出两掌按推我方两肩。(图5-61)

图5-61

2. 我方感觉背后有敌袭来,赶紧顺敌按劲,向左转身,以旋劲化解敌方双推;同时,左臂屈肘,向后摆击敌方脸部。敌方两掌落空,身向前扑。(图5-62)

图5-62

第五章 武当无极拳技击法（二十四招）

3．随即，我方速将左脚向左后上步，进于敌方裆下；同时，身体左转，马步发力；左肘向下捣击敌方软肋。（图5-63）

图5-63

图5-64

4．跟踪追击，我方左腿顺势弓步，身形上起；同时，左肘上挑，伤敌咽喉。（图5-64）

二十、推山填海

【实战举例】

1. 敌方左脚上步,左拳冲击我方胸部。我方撤步闪身;同时,左掌立起,向左拦截敌方左臂。(图5-65)

图5-65

2. 随即,我方右脚内扣,左脚上进一步,进于敌方中门;同时,左掌黏附敌方左臂向左捋化,顺势抓其左腕向下旋拧,扭曲敌方左臂,使其身向右转。(图5-66)

图5-66

3.接着,我方右臂屈肘,向前摆挑,伤敌背脊。(图5-67)

图5-67

4.不停,我方右肘不收,粘衣再发,顺势送臂,抖劲震击,致其扑出。(图5-68)

图5-68

二十一、挎篮抛花

【实战举例】

1. 敌方左脚上步，左拳崩击我方胸部。我方偏身以避；同时，左掌上拦，截敌左肘。（图5-69）

图5-69

2. 随即，我方左手抓拿敌方左腕，向左后拽带；同时，右脚上步，进于敌方左脚外侧；右掌穿过敌方左臂，以肘弯兜住敌方左肘。（图5-70）

图5-70

3. 接着，我方右膝前弓，身体前挺；同时，左手向下抓按；右手继续上穿，冷劲扭别敌方左臂。（图5-71）

图5-71

4. 不停，我方右肩顺势前撞，震击敌方左腋，抖劲发力，将其跌出。（图5-72）

图5-72

二十二、犀牛蹭壁

【实战举例】

1. 敌方从我方身后突然来袭,用两手抓按我方两肩,欲行摔跌。(图5-73)

图5-73

2. 我方速将左脚撤步,重心下沉,稳住身形;同时,身体后坐,逼近敌身,滞其发力。(图5-74)

图5-74

3．不停，我方两手上提，左肩顺势后靠敌方胸部，短劲震击，迫敌松手，将其撞开。（图5-75）

图5-75

二十三、肩桩顶壁

【实战举例】

1．敌方右脚上步，右拳冲击我方脸部。我方两脚不动，偏身避过；同时，上起左掌，外拦敌方右肘。（图5-76）

图5-76

2. 随之，我方左脚后撤，身体左转，右脚虚步（脚跟抬起）；同时，左手抓拿敌方右腕，向左牵带；右掌托抓敌方右肘，向左捋拉，使敌方身体前倾。（图5-77）

图5-77

3. 接着，我方右脚前上一步，进于敌方裆下，左脚跟上，两腿成右半马步；同时，右手下落，右肩前逼；左手松开，贴着敌方右臂前移，暗护上门。（图5-78）

图5-78

4. 不停，我方右膝前顶，右腿弓步；同时，右肩贴靠敌方胸部，猛然发劲震击，将敌撞跌而出。（图5-79）

图5-79

二十四、扛梁过桥

【实战举例】

1. 临敌之际，敌方突出左腿，向我方腹部撩踢而来。我方赶紧向后挪身，紧急躲避。（图5-80）

图5-80

2. 随即，我方两脚后滑，再次后闪，以保万全；同时，左手向前上抄，兜住敌方左小腿，向左上拦架而起。（图5-81）

图5-81

3. 接着，我方右脚跨步；同时，上体左转，左手粘持敌方小腿，向左前方捋化；右手从敌方左腿下向前上穿，使右肩顶起敌方左腿，使其身歪欲倒。（图5-82）

图5-82

第五章　武当无极拳技击法（二十四招）

4．不停，我方两脚向前再滑半步，向左转身；同时，右手左划，与左手一齐抱压敌方左小腿；用右肩继续上扛，此时敌已完全失衡。（图5-83）

图5-83

5．最后，我方两手松开；同时，后背突发靠劲，对准敌方左大腿，向后猛劲一撞，敌立后躺，惨摔当场。（图5-84）

图5-84

第六章
武当鱼门拳技击法（二十五招）

向恺然（笔名平江不肖生，著名武侠小说家）《我练太极拳之经验》载："又有所谓'鱼门拳'者，架势十二路，用法与太极尤相类，亦有两人推手之法。江西熊斗枢曾练鱼门十余年，前年与我相遇于汉皋，为言鱼门拳以手手不离逼吸为原则，练时亦贵慢贵不用力。惜其人不能说出鱼门拳来历。"

鱼门拳是武当的奇门拳法，名声在外，惜练者寥寥。编者收集多年资料，也收获甚少，只能参考一些民间抄本，尽量将此拳招法整理出来，意在抛砖引玉，不当之处望请大家赐教。

据传，鱼门拳模拟游鱼戏水之形，取其穿插追逐、腾跃回旋、碰撞冲击之妙，融于武术攻防，象形取意而成。有歌曰："碧眼无事观鱼游，游来游去最迅速。行动如同风摆柳，车转好似龙回头。捕食最毒恶心意,要学此艺观鱼游。""碧波描艺观鱼游,鱼在水中善穿逐。摇头好似龙摆尾,摆尾又如凤回头。浮沉翻复轻灵巧,左右开弓精气足。要学鱼门精巧艺,常在水边观鱼游。"

另有说,鱼门拳取自太极图之阴阳鱼,表示其拳鱼龙变化,圆滑难测,巧妙实用。有歌曰:"八门开科不用忙,夕归子落须认真。太极图中安生位,阴阳无极变化机。袖内乾坤玄中妙,虚灵秘诀少人知。任他巨力来伤吾,消凶避急化千斤。""鱼门有法法自然,水中鱼龙古中古。若遇大力来打我,避重就轻斜身偏。步转势滚可卸化,缠丝劲法节节贯。绵里藏针看不透,一触即发打连环。一枝动来百枝摇,端的周身都是拳。"

一、青蟒崩藤

【实战举例】

1. 敌方右脚上步,右拳冲击我方脸部。我方撤步闪身;同时,上起左掌,向外拦截敌方右臂。(图6-1)

图6-1

2. 随即,我方左掌贴住敌方右前臂向外捋拨;同时,右掌向左上穿,从敌方右臂之下绕过,外贴敌方右肘,向右靠别。敌方右臂被夹,意欲回撤。(图6-2)

图6-2

3. 不停,我方右脚向前上步,进于敌方裆下,进身逼靠;同时,右掌顺势崩推,对准敌方右肩,向前突发抖劲,致其旋身扑出。(图6-3)

图6-3

二、幻影挥鞭

【实战举例】

1. 敌方右脚上步，右拳崩击我方胸部。我方左脚向左闪步，上体向左侧倾，避过敌方攻击；同时，上起左掌，拦推敌方右肘，向右捋拨。（图6-4）

图6-4

2. 随即，我方右脚上步，进于敌方裆下；同时，右掌上提，用掌背向右拦靠敌方右上臂。（图6-5）

图6-5

3. 不停，我方右掌转腕，手背突发崩劲，向前抖击敌方右肩；左掌助力，致敌方身形歪斜，向左倾扑。（图6-6）

图6-6

三、顺手牵羊

【实战举例】

1. 敌方右脚上步，右拳冲击我方胸部。我方退步旋身；同时，两掌拦截（右手拦其腕，左手拦其肘），向右划弧拨捋。（图6-7）

图6-7

2. 随即，我方两手乘机抓扣（右手抓敌方右腕，左手抓敌方右肘），一齐向右后猛劲牵带，顺势送出，致其前扑。（图6-8）

图6-8

四、牧童赶牛

【实战举例】

1. 敌方左脚进步，右手抓住我方胸襟，欲行攻击。（图6-9）

图6-9

第六章 武当鱼门拳技击法（二十五招）

2. 随即，我方上体前俯，稳住身形；同时，上起两手，抓住敌方右手及右肘。（图6-10）

图6-10

3. 我方右脚退步，身体下沉，两腿屈膝；同时，两手粘持敌方冷然向下採劲，使其下跪受制。（图6-11）

图6-11

4. 不停，我方双手捋拽敌方手、肘，向右后旋劲送去，致其前扑。（图6-12）

图6-12

五、铁脚绊马

【实战举例】

1. 敌方前移左步，左拳向我方胸部击来。我方向左横步，身向左偏，避过敌方拳击。（图6-13）

图6-13

第六章　武当鱼门拳技击法（二十五招）

2. 随之，我方左脚上步，进身迎击；左手屈臂向下，用左前臂拦压敌方左前臂。（图6-14）

图6-14

图6-15

3. 接着，我方右脚上步，后拦敌方左脚；同时，左手抓住敌方左臂或左腕向左捋拉；右掌向前按住敌方后背。（图6-15）

4. 不停，我方重心左移，身体左转，左腿直立；右脚提起，踩踏敌方左小腿后侧；同时，左手冷劲一捋敌方左臂，立即松开，与右掌一起扒按敌方背部，向左大幅猛劲推拨，致其前扑。（图6-16）

图6-16

六、推窗望月

【实战举例】

1. 敌方左脚前移，出左手抓拿我方左前臂。（图6-17）

图6-17

第六章 武当鱼门拳技击法（二十五招）

2. 我方右脚赶紧上步，进于敌方左腿外侧，进身逼靠；同时，左掌外旋，向前上甩，以掌背击向敌方面门；右掌前伸，推按敌方左肘。敌方见我方以打破拿，左抓手急忙松开，屈臂上提拦截（我方即解脱）。（图6-18）

图6-18

3. 不停，我方右脚前滑，右膝前顶；同时，左掌右旋，向前推压，再次扑击敌方面门；右臂屈肘向前，右掌掌背对准敌方左肩，猛劲冲撞，使之后倒。（图6-19）

图6-19

215

七、灵蛇反蜷

【实战举例】

1. 我方左脚进步，右拳冲击敌方胸部。敌方偏身避过；两手拦截，左手抓按我方右拳，右手推挤我方右肘。（图6-20）

图6-20

2. 敌方就势捋採，欲使我方前扑。我方顺敌之势，右脚进步，跨入敌方裆下；同时，左掌向前推挤敌方右腕；右臂屈肘前靠，破解敌方劲势。（图6-21）

图6-21

3. 不停，我方右膝前弓，身向前逼；同时，左掌与右肘陡然发力，协动合劲，肘撞掌推，将敌方崩出。（图6-22）

图6-22

八、顺水撑篙

【实战举例】

1. 敌方左脚进步，左拳崩击我方胸部。我方撤步偏身，闪过来拳；同时，左掌上起，外拦敌方左臂。（图6-23）

图6-23

2. 随之，我方右脚上步，进于敌方左脚外侧；同时，左手顺敌方左臂，抓其腕；右手上提，拿敌方左肘。敌方提手屈臂，使我方无法擒拿。（图6-24）

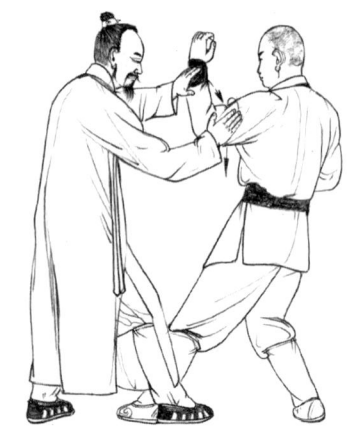

图6-24

图6-25

3. 我方随机应变，左手赶紧向左下推压敌方左腕；右掌向左下按挤敌方左肘，使其手臂屈曲，无法发力。（图6-25）

4. 不停，我方乘机沾衣发劲，右肘向前猛然张臂，左手推挤配合，使敌方受力跌出。（图6-26）

图6-26

九、孟尝送客

【实战举例】

1. 敌方右脚上步，出左手来抓我方胸襟。（图6-27）

图6-27

2. 我方身体赶紧后坐躲避，不让敌方抓住；同时，左手屈臂上起，拦架敌方左肘，将敌方手向左上格开。（图6-28）

图6-28

3. 接着，我方右脚上步，进于敌方裆下，身向左转，进身逼靠；同时，左手向左下旋按敌方左肘；右掌切按敌方左上臂，再与左手合劲向下划劲挦压，致其左臂下沉，失势无力。（图6-29）

图6-29

4. 不停，我方右脚稍进，沉步弓身；同时，两掌内旋，挺腕前推，猛劲抖震，将敌方跌出。（图6-30）

图6-30

十、天仙献宝

【实战举例】

1. 敌方左脚上步，突出两手，抓揪我方胸襟。（图6 31）

图6-31

2. 我方速起两掌，猛然向上旋托敌方两肘，使其手臂上扭，劲力顿失，两手松开；同时，右脚脚跟抬起。（图6-32）

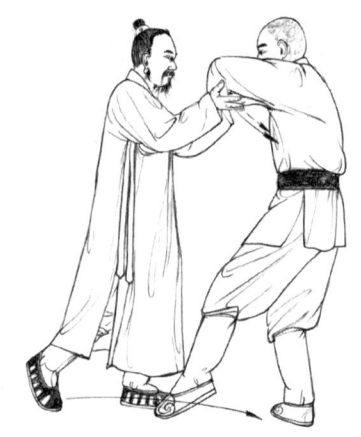

图6-32

图6-33

3. 随即，我方右脚上步，进于敌方左脚外侧，右膝前弓；同时，两掌顺势内旋，向前下按，扑向敌方腹部。（图6-33）

4. 不停，我方两掌猛然推起，近身发力，抖劲震击，将敌方送出，远跌而去。（图6-34）

图6-34

十一、赵公驯虎

【实战举例】

1. 敌方右脚上步，两手齐出，来推我方胸部。（图6-35）

图6-35

2. 我方乘敌刚动，用力挺胸前迎；右脚上步，沉桩稳身，迫使敌方两臂屈肘，使其大力难发；同时，两掌向前上以"双风贯耳势"夹击敌方头部，致其昏晕失力，顺势向后下搂，使敌低头就擒。（图6-36）

图6-36

3. 不停，我方右脚稍进，身体前倾；同时，两掌夹持敌方头部，向前下猛劲推按，将其送出，致其跪伏。（图6-37）

图6-37

十二、倒扳玉笋

【实战举例】

1. 敌方左脚上步，出左手抓揪我方胸襟。（图6-38）

图6-38

2. 我方左手赶紧上起，左肘向左猛劲拦击敌方左前臂，使其脱手。（图6-39）

图6-39

3. 接着，我方左脚向后稍移，向左旋身；同时，左手旋抓敌方左手或腕部；右掌上提，去黏按敌方左肩。（图6-40）

图6-40

图6-41

4. 不停，我方左脚外转，重心左移；同时，左手向左下捋，右手向左下採，两手合力，使敌扑出。（图6-41）

十三、灵官玩鞭

【实战举例】

1. 敌方右脚上步，右拳崩击我方胸部。我方撤步闪过；同时，上起左掌，外拦敌方右前臂。（图6-42）

图6-42

2. 随之，我方左脚稍进；同时，左掌旋抓敌方右腕；右掌拦压敌方右上臂。敌方急忙撤臂后拉，防我方擒拿。（图6-43）

图6-43

3. 不停，我方左脚迅速前滑，进入敌方裆下，左腿弓步；同时，右掌顺势转腕，向前猛推敌方右胸，致其后倒。（图6-44）

图6-44

十四、雄鸡独立

【实战举例】

1. 敌方左脚上步，左拳冲击我方胸部。我方撤身以避；同时，左掌向左上翻，外压敌方左臂。（图6-45）

图6-45

2. 随即，我方左掌顺势抓拿敌方左腕，向左下拧转；同时，右掌向前上推别敌方左肘，使其左臂扭曲失力。（图6-46）

图6-46

3. 不停，我方左脚进步，同时，右腿屈膝前顶，撞击敌方左腰，致其重创。（图6-47）

图6-47

十五、霜雪压枝

【实战举例】

1. 敌方右脚上步,右手抓揪我方胸襟。(图6-48)

图6-48

2. 我方速出两手向上合抓,擒其右手、右腕,向下採劲,破解其招,滞其发力。(图6-49)

图6-49

3．不停，我方左脚上步，进于敌方右腿后侧；同时，右手扣住敌方右手向右旋拧；左肘上起，向右下旋压敌方右肘，伤其关节，将其擒伏。（图6-50）

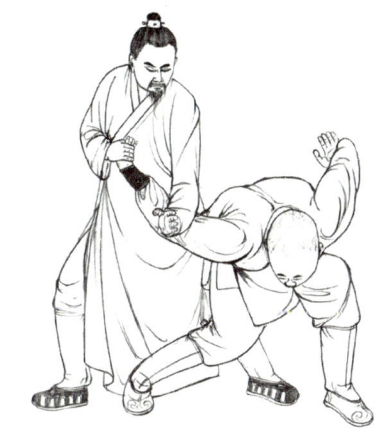

图6-50

十六、仙姑折柳

【实战举例】

1．敌方左脚上步，左拳冲击我方胸部。我方向后撤步；同时，左掌上起，向外拦截敌方左臂。（图6-51）

图6-51

2. 随即，我方左脚稍向前滑；同时，左掌外旋，抓拿敌方左腕；右掌向前猛劲砍击敌方左上臂，致其疼痛失力。（图6-52）

图6-52

3. 不停，我方左脚再向前滑，左腿弓步；同时，左手紧抓敌方左腕，猛劲后拽；右掌顺着敌方右臂，推向敌方左肩，冷劲抖震，伤敌关节，扭其筋韧。（图6-53）

图6-53

十七、迎风铁扇

【实战举例】

1. 敌方右脚上步,右拳崩击我方脸部。我方身向左偏;同时,左掌上提,拦截敌方右肘。(图6-54)

图6-54

2. 随即,我方左脚稍进;同时,左手粘附敌方右臂向左下捋压,使其手落失势;上体左转,右掌向前砍切敌方右上臂,致其疼痛失力。(图6-55)

图6-55

3．不停，我方左脚再进，左腿弓步；同时，右掌顺势前挥，掌背发力，猛然甩击，重创敌方右耳。（图6-56）

图6-56

十八、铁锤开锁

【实战举例】

1．敌方右脚上步，右拳崩击我方脸部。我方身向左偏；同时，左掌上起，拦截敌方右肘。（图6-57）

图6-57

第六章 武当鱼门拳技击法（二十五招）

2．随即，我方左脚进步，后绊敌方右脚；同时，右手前提，抓拿敌方右腕，向右牵捋；左掌黏按敌方右肘，向右推按，迫使敌方身体前倾。（图6-58）

图6-58

图6-59

3．敌方不愿被制，见我方两手用力，右臂势必后挣。我方不与敌方较劲，顺其挣力，左腿前弓，身向左转；同时，右手松开，右肘向前拐击而去，直奔敌方咽喉。（图6-59）

235

十九、白蟒穿虹

【实战举例】

1. 敌方左脚上步,左拳冲击我方咽喉。我方向右闪身避过;同时,左掌上起,拦截敌方左肘,滞其连击。(图6-60)

图6-60

2. 随之,我方左掌粘附敌方左臂向左后捋化,至其腕部时扣指拿住。(图6-61)

图6-61

3. 不停，我方右脚上步，进于敌方左脚外侧，上体左转；同时，左手旋拧敌方左腕，向下反折；右臂屈肘前挑，对准敌方左腋，致其软处受创。（图6-62）

图6-62

二十、仙人敬酒

【实战举例】

1. 敌方左脚上步，两手来抓我方胸襟。（图6-63）

图6-63

2. 我方吞身避过；同时，左脚前滑；左手从敌方两臂间穿过，虎口向前，直奔其咽喉，用力卡推。敌方急忙放手，向后仰头急闪。（图6-64）

图6-64

图6-65

3. 不停，我方再将左脚前滑，左腿前弓，身体前挺，贴身逼近；同时，右臂屈肘，弧劲前挑，刨敌方下颌，致其后倒。（图6-65）

二十一、太祖伏蟒

【实战举例】

1. 临敌之际,敌方突伸左手,抓拿我方右腕。我方赶紧屈臂,用力相抗,以防被制。(图6-66)

图6-66

2. 我方开始反击,左脚上步,左腿前弓;同时,右肘向前划弧,用肘盘瓜敌方左上臂,使其身扭步乱,被迫松手。(图6-67)

图6-67

3. 不停，我方左手乘机抓缠敌方左腕；右手抓拿敌方左肘，右肘贴住敌方左上臂猛然向下採劲，轻可将其擒伏，使其无力反抗，重可伤其左肩，致其滚筋脱臼。（图6-68）

图6-68

二十二、直捣黄龙

【实战举例】

1. 敌方右脚上步，右拳冲击我方胸部。我方身稍左偏，胸稍后闪，巧妙避过。（图6-69）

图6-69

第六章 武当鱼门拳技击法（二十五招）

2. 我方迅速反击，右前臂向前上用力划弧，外拨敌方右臂，使其劲势右偏。（图6-70）

图6-70

3. 随即，我方左脚上步，拦住敌方右腿，使其难退；同时，右掌向后下抓捋敌方右腕；左臂屈肘向前横扫敌方右耳或颈部，以期一击伤之。敌方头部急忙左闪。（图6-71）

图6-71

4. 不停，我方右手抓紧，勿使其逃；左腿向左再进半步，左膝前弓；同时，左肘顺势前送，猛劲捣击敌方右耳，致其重创。（图6-72）

图6-72

二十三、犀牛晃膀

【实战举例】

1. 我方左步前移，右拳前崩敌方心窝。敌方吞身闪过，左手下抓我方右腕。（图6-73）

图6-73

第六章 武当鱼门拳技击法（二十五招）

2. 我方赶紧用招，右拳顺敌方左手抓劲下沉，用手腕向左下扭压敌方左手拇指，使其左手疼痛失力，无法擒拿；左臂随之屈肘前挤，威逼敌方中盘，迫其向后仰身；同时，右脚向前上步，后绊敌方左腿，拦其退路。（图6-74）

图6-74

图6-75

3. 接着，我方桩势突然下沉；同时，右拳向下伸臂栽捶，彻底解脱敌方左抓，致其身体前倾。（图6-75）

243

4. 不停，我方右腿弓步；同时，右肩对准敌方左膀，猛劲向右前旋撞，将其远跌而出。（图6-76）

图6-76

二十四、铁肩靠山

【实战举例】

1. 敌方右脚进步，右拳勾击我方腹部；我方左掌下拍，拦住敌方右拳。敌方右拳受阻，又冲左拳，向我方胸部击来。（图6-77）

图6-77

2. 我方右掌赶紧屈肘提举，以右前臂外拦敌方左臂；同时，右脚前移，成右丁步，脚跟抬起。（图6-78）

图6-78

3. 不停，我方右脚再进，拦敌方左脚；同时，右手捋抓敌方左腕，向右下牵压；左手黏持敌方右臂，向左上方架起。敌方见我紧逼，右脚急忙退步。（图6-79）

图6-79

4. 不停，我方右膝前弓，身略左转；同时，右肩猛然前冲，撞击敌方胸部，致其仰身后跌。（图6-80）

图6-80

二十五、泰山挺云

【实战举例】

1. 敌方右脚上步，两掌齐出，推按我方胸部。我方坐身以避；同时，两掌上起由内向外拦截，左手拦其右腕，右手拦其左肘。（图6-81）

图6-81

第六章 武当鱼门拳技击法（二十五招）

2.随即，我方两掌外旋，抓拿敌方两腕，向下捋化。（图6-82）

图6-82

3.接着，我方右脚稍向前滑；同时，两手紧抓敌方两腕，用力向后牵拽，使其扑身入怀，身散步乱。（图6-83）

图6-83

4.不停,我方两手松开;同时,展腹挺胸,贴住敌方头部猛然前靠,致其仰身后歪。(图6-84)

图6-84